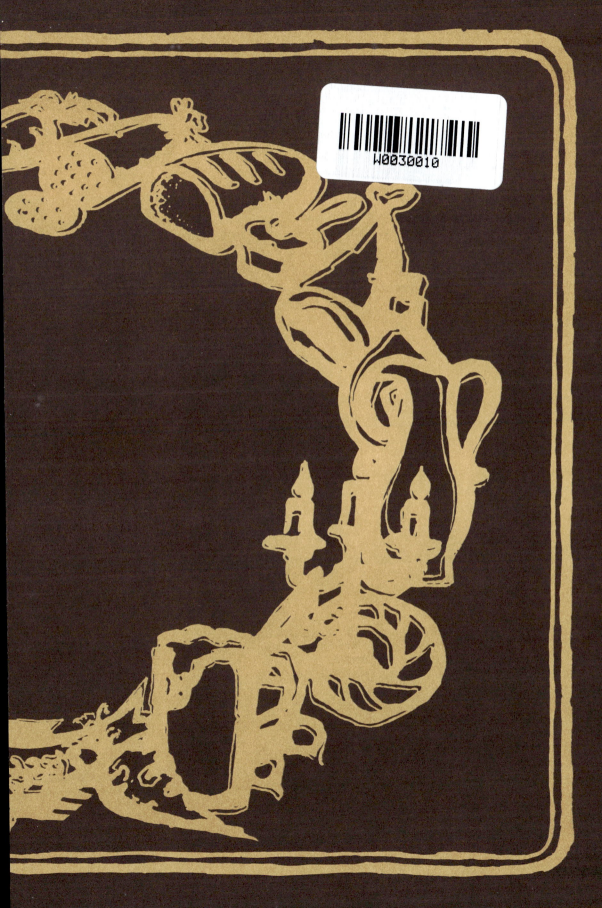

Kulinarische Streifzüge durch Hessen

Frank Gerhard

Kulinarische Streifzüge durch Hessen

siglook edition

Die Rezeptfotos ab Seite 52
wurden für dieses Buch aufgenommen von
Hans-Joachim Döbbelin, Schwäbisch Gmünd

© 1981 Sigloch Edition, Künzelsau – Thalwil – Straßburg – Salzburg – Antwerpen
Nachdruck verboten. Alle Rechte vorbehalten. Printed in Germany
Regie: Rudolf Werk
Satz: Setzerei Lihs, Ludwigsburg
Druck: Graphische Betriebe Eberl GmbH, Immenstadt
Reproduktionen: Eder-Repros, Ostfildern bei Stuttgart
Papier: 135 g/qm BVS der Papierfabrik Scheufelen, Lenningen
Einbandgestaltung: Peter Mueck
Bindearbeiten: Buchbinderei Sigloch, Künzelsau und Leonberg
Auslieferung an den deutschen Buchhandel: Stürtz Verlag, Würzburg
ISBN: 3 8003 0170 9

„Der größte Volksstamm, den es gar nicht gibt" – das ist ein inzwischen geflügeltes Wort über die Hessen geworden. Und es ist etwas dran, denn wer vermöchte genau zu definieren, was nun Hessen, seine Bewohner und ihre kulinarischen Köstlichkeiten kennzeichnet – außer einem waschechten Hessen?

Und weil dies so ist, haben wir versucht, nicht nur Rezepte aus hessischen Landen zusammenzutragen, sondern auch ein wenig vom Wesen der Hessen zu berichten und aus ihrer wechselvollen Geschichte zu erzählen. Dabei steht selbstverständlich die hessische Küche immer im Vordergrund.

Das Zusammenstellen ganz typischer Gerichte ist allerdings nicht einfach gewesen, denn jede Region will angemessen vertreten sein. Ob Vogelsberg oder Schwalm, Wetterau oder Westerwald, ob Taunus, Odenwald oder Rheingau: Jeder Landstrich besitzt seinen eigenen Reiz und natürlich eine ganz besondere, bodenständige Küche.

So finden Sie in diesem Buch neben raffinierten Kompositionen auch viele einfache Gerichte, die jedoch nicht weniger schmackhaft sind. Der hessischen Hausfrau haben wir ebenso über die Schulter geschaut wie renommierten Gastronomen.

Wir hoffen, daß dieser kulinarische Streifzug durch Hessen allen etwas gibt: dem Kenner im Lande wie dem Genießer von draußen.

Autor und Verlag im September 1981

Der Mensch hat en Maage.
Und des net umsonst.

Die frühesten hessischen Kochrezepte reichen in jene Zeit zurück, als im Rheingau, im gegenüberliegenden Mainz und hinunter bis Köln und Xanten die Römer das Regiment führten. Daß sie damals nicht nur machtpolitisch tonangebend waren, sondern auch auf dem lukullischen Bereich die führende Position einnahmen, ist durch einen ihrer Gourmets mit dem Namen Apicius überliefert. Er schrieb so etwas Ähnliches wie ein Kochbuch der römischen Kost. Apicius vergiftete sich übrigens, als man ihm berichtete, daß ihm nur noch zehn Millionen Sesterzen geblieben waren – auch für damalige Zeiten noch eine ungeheure Summe, denn dieser Betrag entsprach immerhin einer knappen Dreivierteltonne Gold. Doch Apicius meinte, mit dieser lächerlichen Summe sei es ihm nicht mehr möglich, seinen Lebensstandard aufrechtzuerhalten.

Erst in jüngster Zeit hat die Wissenschaft Aufschlüsse darüber erhalten, wie sich die rheinische und hessische Bevölkerung zur Zeit der Römer ernährte. Neben Kohl (porrum), Karotten (carota) oder Spargel (asparagus) fand man bei Ausgrabungen auch Reste, die auf Fleisch, Fisch, Knoblauch, Hirse, Gerste und Weizen sowie Erbsen, Bohnen und Linsen schließen lassen. Sicher ist, daß es den Römern mit Hilfe ihres ausgezeichneten Versorgungssystems möglich war, selbst ausgefallenen Wünschen nachzukommen. In Aachen wurden sogar direkt neben dem später gebauten Dom Austernschalen aus römischer Zeit gefunden. Aber auch zur Römerzeit wird sich, wie überall, die Eßkultur zwischen Herrschenden und Be-

herrschten wesentlich unterschieden haben. Die armen Leute und vor allem die Landbevölkerung werden das gegessen haben, was ihnen Feld und Wald auf den Tisch brachte. Die tägliche Kost bestand im wesentlichen aus Brot, Wasser und einer Brühe, die Tag für Tag mit dem bereichert wurde, was man gerade an Eßbarem zur Hand hatte. Fleisch, Geflügel und Wild gab es nur an Festtagen oder wenn die Jagd einmal besonders glücklich ausgefallen war. Das nur mäßig gewürzte, kalorienarme Essen kennzeichnete den Speisezettel der mitteleuropäischen und damit auch der hessischen Hausfrau bis zur Zeit der Kreuzzüge.

Genua, Venedig und Pisa stellten den Kreuzfahrern bereitwillig Frachtraum zur Verfügung, nicht ohne den Hintergedanken, dadurch ihren Handel gehörig erweitern zu können, was auch gelang. Bis zum 15. Jahrhundert hielten die Venezianer den gesamten Gewürzhandel mit dem Osten unter ihrer Kontrolle.

Die Kreuzfahrer hatten aber nicht nur geheimnisvolle Gewürze gekostet, sondern auch die Pracht jener Länder, die sie erobert hatten, gesehen. Ihre neuen Kenntnisse und Eindrücke übertrugen sie nun auf ihre Kochtechnik. Schon bald nahmen die Gewürze in der mitteleuropäischen Küche einen höheren Rang ein. Pfeffer wurde zeitweise zu einem regelrechten Zahlungsmittel – dem Silber vergleichbar.

Auf abenteuerliche Weise gelangten Gewürze, teure chinesische Waren und andere Luxusartikel nach Europa. Durch den Krieg zwischen den Mohammedanern und Konstantinopel (Byzanz), das sich bis 1453 erfolgreich dem An-

Zahlreiche Burgen, Schlösser und Herrensitze finden sich im hügeligen, bewaldeten Land der Hessen. Das Schloß Büdingen in der fruchtbaren Wetterau stammt aus der zweiten Hälfte des 12. Jahrhunderts, also jener Zeit, in der als Folge der Kreuzzüge neue, geheimnisvolle Gewürze die Küchen des alten Europas eroberten.

Nächste Doppelseite: Der Mensch hat en Maage, und des net umsonst – so lautet eine alte hessische Volksweisheit.

sturm der Türken widersetzte, waren die traditionellen Handelsstraßen blockiert. Ebenso hatte der Süden Europas, besonders Spanien, sowie Nordafrika unter dem Ansturm der Mauren um das 7. und 8. Jahrhundert schwer gelitten. Ganze Regionen waren von ihren Bewohnern verlassen worden. Erst nach und nach – mit dem Aufbau des riesigen Reiches Karls des Großen – stabilisierten sich die Verhältnisse auch im sonnigen Süden wieder, und mit den Kreuzzügen drehten die Europäer im Namen Jesu den Spieß wieder um.

Der Handel Europas mit Asien muß im 14. Jahrhundert etwa so verlaufen sein: „Die Gewürze und anderen Luxusartikel, die noch an den Höfen der westlichen Welt verlangt wurden, kamen gewöhnlich zunächst nach Bagdad. Von dort aus wurden sie nach Trapezunt (Trabzon) am Südufer des Schwarzen Meeres und dann weiter nach Konstantinopel befördert. Dieser Umweg war eine Konzession an die offizielle Feindschaft zwischen Arabern und Byzanz.

Die nächste Etappe war Venedig, und von diesem Hafen aus gingen Pfeffer, Zimt, Safran und Gewürznelken, Ingwer, Zucker und Kardamom, teure Arzneien und kostbare chinesische Seide weiter nach Pavia, dem Kreuzungspunkt der vielbenutzten Straße längs des Po mit den Fernrouten, die über die Alpenpässe – Septimer, Mont Cenis und St. Bernhard – nach Deutschland und Nordfrankreich führten."

Über den Süden Deutschlands und über die großen Städte, wie Stuttgart und Frankfurt, gelangte das kostbare Gut dann schließlich auch in die Küchen der hessischen Hausfrauen. Da Gewürze enorm teuer waren, werden zunächst wohl nur die Hofköche in den Fürsten- und Herrscherhäusern davon Gebrauch gemacht haben. Später sind sie dann, mit der Ausweitung des Handels, mit der Vervollkommnung der Transportmittel und vor allem mit der

Schiffbarmachung der Flüsse, wesentlich billiger geworden.

Für Hessen boten sich Rhein und Main als Transportwege an. Der Rhein öffnete die Handelswege in den Süden Frankreichs, in die Schweiz und einen Teil Norditaliens, der Main verband Hessen mit Franken und Bayern sowie den Handelsstraßen über den Brenner, nach Wien und weiter nach Ungarn und Rumänien. Seit vielen Jahrhunderten treffen im Rhein-Main-Gebiet wichtige Verkehrsadern zusammen. Frankfurt ist dadurch zu einem Knotenpunkt des Handels und zu einem internationalen Treffpunkt geworden. Kaiser und Könige haben sich hier krönen lassen. Der Frankfurter Dom, der Römer – Gebäude, in denen deutsche Geschichte gemacht wurde. Und wo so viel Volk sich trifft, nähme es fast Wunder, gäbe es dort nicht eine vielgerühmte Gastronomie – denn die Gaumen der „Großen der Welt", der Handeltreibenden und der Messebesucher sind verwöhnt.

Daß immer wieder Tausende nach Frankfurt zurückgefunden haben, sich dort mit Geschäftsfreunden treffen, Pläne besprechen, ihre Waren anbieten, liegt nicht nur an der zentralen Lage dieser Stadt. Es muß auch an der Lebensart der Hessen und ihrer Kochkunst liegen. Anno 1827 schrieb ein gewisser Carl Julius Weber wahrhaft Euphorisches: „Frankfurts Küche steht neben der Wiener und Hamburger, ja überflügelt sie noch durch französische Feinheiten, deutsche Schwartenmagen und Spanferkel, obgleich der Herr verboten hat, das Böcklein zu kochen, wenn's noch an seiner Muttermilch ist … Die Mainkarpfen sind auch nicht zu verachten, so wenig als die Krebse, haben aber schon manche, die in entfernten Gegenden einen Krebsbach oder Forellenbach für fünf Gulden in Pacht hatten, in große Verwunderung gesetzt, wenn er sich solche hier in einem Gasthofe hat schmecken lassen! … Die Frankfurter

Die Gastronomie in Hessen wird seit Jahrhunderten gerühmt, und noch heute gibt es viele Gasthöfe im Land, die diese Tradition zu schätzen wissen und wie hier in Ziegenhain am Knüllgebirge den Besucher schon von außen auf ein gemütliches, kulinarisches Verweilen vorbereiten.

Küche steht auf der Höhe der Zeit – sie hält die weise Mitte zwischen französischer Überfeinerung und britisch-nordischer Derbheit, eine weise Mitte zwischen den Fleischtöpfen Ägyptens, pikanten Saucen und Ragouts, und schwerfälligen deutschen Mehlspeisen – zwischen Gesalzenem und Frischem, Süßem und Saurem, Gemüse, Backwerken und Früchten – Variatio delectat!"

Auch einer der berühmtesten Söhne Frankfurts, Johann Wolfgang von Goethe, hat getreu dem alten Frankfurter und hessischen Wahlspruch gehandelt: „Der Mensch hat en Maage. Und des net umsonst." Der vielseitige Geist, der ebenso eine Farbenlehre verfaßte wie den Faust schrieb, war auch ein großer Feinschmecker. Auch heute noch übt die Küche im wiedererstandenen Elternhaus Goethes am Großen Hirschgraben einen unwiderstehlichen Reiz aus. Für damalige Verhältnisse war sie geradezu luxuriös. Zum Eindrucksvollsten gehört wohl eine große Pumpe, die frisches Quellwasser aus dem Keller nach oben beförderte. Auch der Spülstein galt als der „letzte Schrei", denn er verfügte über einen Ablauf nach außen.

Wie sehr es Goethe liebte, gut zu speisen und erlesene – vor allem frische – Zutaten und Gemüse zu sich zu nehmen, belegt eine kleine Passage aus seinem Werk „Die Leiden des jungen Werther": „Wenn ich des Morgens mit Sonnenaufgang hinausgehe nach meinem Wahlheim und dort im Wirtsgarten mir meine Zuckererbsen selbst pflücke, mich hinsetze, sie abfädne und dazwischen in meinem Homer lese, wenn ich in der kleinen Küche mir einen Topf wähle, mir Butter aussteche, meine Schoten ans Feuer stelle, zudecke, mich dazusetze, sie manchmal umzuschütteln: da fühle ich so lebhaft, wie die übermütigen Freier der Penelope Ochsen und Schweine schlachten, zerlegen und braten. Es ist nichts, das mich so mit einer stillen, wahren Empfindung ausfüllte, als die Züge patriarchalischen Lebens, die ich, Gott sei Dank, ohne Affektion in meine Lebensart verweben kann."

Wen wundert es angesichts dieser Liebe für den Gaumen, daß in Goethes Elternhaus eine exzellente Küche geführt wurde. Zudem war die Familie nicht nur wohlhabend, sondern hatte auch Spaß am Kochen. Goethes Mutter etwa kommentierte einen bevorstehenden Besuch des Großherzogs Karl August von Sachsen-Weimar mit den Worten: „Ich kann kochen!"

Auch in seinen Wanderjahren ließ sich Goethe stets aus seiner Heimat zur Bereicherung seiner Tafel Spezialitäten schicken. Als Beilage zu seinen ausgedehnten Frühstücken, an denen bis zu dreißig Personen teilnahmen, reichte er gerne Zwiebacke und Biskuits, wie er es aus seinem Frankfurter Elternhaus gewohnt war.

Goethe hat aber nicht nur vorzüglich zu speisen verstanden, sondern auch gerne Wein getrunken. Ob diese Leidenschaft darauf zurückzuführen ist, daß sein Vater vor den Toren Frankfurts einen kleinen Weinberg besaß, in den der junge Johann Wolfgang ihn immer begleiten durfte, ist nicht bekannt. Fest steht, daß Goethe viel vom Wein und von den Jahrgängen verstanden hat. Besonders gerne mochte er den 1783er, den besten Wein des Jahrhunderts. Auch der wunderbaren Kreszenz des Jahres 1811, dem berühmten Kometenwein, war er zugetan. Und seinem Sekretär Eckermann soll er am 15. Juni 1829 anvertraut haben: „Ich halte geistige Zwiesprache mit den Ranken der Weinrebe, die mir gute Gedanken sagen und wovon ich Euch wunderliche Dinge mitteilen könnte."

Dem Frankfurter Nationalgetränk, dem Apfelwein, Äbbelwoi oder „Stöffche", scheint Geheimrat Goethe nicht so viel Liebe entgegengebracht zu haben wie dem Rheingauer Riesling. In einer Urkunde aus der Zeit Karls des Großen wird auf ein berauschendes Getränk verwiesen, das einzelne Leute herzustellen in der Lage seien.

Sicher ist, daß die Hessen nicht erst seit den Zeiten Karls des Großen alkoholische Getränken gegenüber aufgeschlossen waren. Schon die alten Germanen hatten sich weinartige Getränke aus Äpfeln bereitet, und die Römer haben dann den Wein und seine Kultivierung auch am Rhein bekannt gemacht. Die große

Der Äbbelwoi oder das »Stöffche« ist das Nationalgetränk der Hessen, vor allem in und um Frankfurt und Sachsenhausen. Über zehn Millionen Liter werden jährlich in den Fässern gekeltert und warten auf die Besucher aus nah und fern.

Nächste Doppelseite: Unerläßlich für den Genuß des »Götterdroppe« sind der Bembel, wie in Hessen der typische Steinkrug heißt, und die rippigen Gläser, von denen jeder Stammgast sein eigenes, oft mit kunstvoll gestaltetem Deckel, besitzt. »Da klingen die rippigen Gläser, da läutet der Bembel den Baß . . .«

Zeit des Apfelweins begann mit dem Niedergang des Weines. Als der Frankfurter Stadtrat um 1501 die Neuanlage von Weinbergen verbot, was gleichzeitig das Angebot verknappte wie den Wein verteuerte, kamen findige Geister auf den Apfel. 1648 erhielt ein Sachsenhäuser Gärtner die erste offizielle Schankerlaubnis für „Äbbelwoi". Mit einem grünen Kranz, den er vor sein Haus hängte, zeigte er an, daß hier „gezappt" werde. Nun war der Aufstieg unaufhaltsam, vor allem, als Kenner herausfanden, daß das „Stöffche" mit jedem Glas besser schmeckt. Der Volksmund hat seine gesundheitsfördernde Wirkung in einen ebenso einfachen wie treffenden Reim gefaßt:

> Es Stöffche is for alle gut.
> Es fegt de Maage, labt de Schnut,
> Hilft gegen Rheuma, Podagra,
> Heufieber, Gicht und Cholera.
> Frühmorgens, mittags, abends emal
> Bringt flotten Gang er ohne Qual.
> Desweje is er so gesund,
> So laut' der ärztliche Befund.

Neben dem Frankfurter „Weltstar" Äbbelwoi hat noch eine andere Spezialität aus dieser Stadt Furore gemacht – die Frankfurter Würstchen. Irgendwann ist dieses schlanke Frankfurter Zwillingspaar im „Worschtquartier", westlich des Doms, erfunden worden. Beurkundet wurden sie erstmals 1562 bei der Krönung Maximilians II. Bis zum Beginn dieses Jahrhunderts hießen sie jedoch in Frankfurt „Bratwersch" oder „gederrte Bratwersch", obwohl das Rezept seit langem das gleiche ist: zartes Schweinefleisch, aufs feinste zerkleinert und sorgsam gewürzt, in dünne Wursthäute gefüllt und stundenlang kalt geräuchert.

Das Prädikat „Frankfurter Bratwurst" muß ihr schon zu Goethes Zeiten von Besuchern der alten Reichsstadt verliehen worden sein, denn der Journalist Beurmann stellt 1833 bei einem Aufenthalt in Frankfurt fest, die Frankfurter Bratwurst sei so berühmt wie Goethe. Und seit 1929 ist es amtlich. Damals beschloß der 10. Zivilsenat des Kammergerichts in Berlin: „Die Bezeichnung ‚Frankfurter Würstchen' ist eine Herkunftsbezeichnung. Demnach haben die im Wirtschaftsbezirk Frankfurt am Main herstellenden Fabrikanten allein das Recht, ihr Erzeugnis Frankfurter Würstchen zu nennen."

Nicht weltberühmt, aber doch bekannt sind die „Frankforter Rippcher". Im Gegensatz zu Kasseler, das gepökelt und geräuchert wird, sind die Rippchen nur gepökelt. Außerdem werden sie kalt gegessen und sind eine echte hessische Spezialität, während die Spuren des Kasseler Rippchens nach Berlin führen. Und noch ein Gericht hat zum guten Ruf der Frankfurter Küche beigetragen: die Grüne Soße. Sie wurde zwar von Goethe und vielen Frankfurtern außerordentlich geschätzt, jedoch keineswegs – wie vielfach behauptet – von ihnen erfunden. Sie ist das, was man heute als Importware bezeichnet. Ihr Ursprungsland muß Frankreich gewesen sein. Von dort wurde sie als „sauce verte" nach Frankfurt gebracht. Wann das gewesen sein mag, ist unbekannt. Sicher ist nur, daß sie zu Ochsenfleisch, Kartoffeln oder Fisch gereicht wird und mindestens sieben verschiedene Kräuter enthalten muß.

Daß die Hessen nicht nur deftige Speisen zuzubereiten verstanden, ist bei dieser Palette von Köstlichkeiten, die wir bislang angesprochen haben, fast eine Selbstverständlichkeit. Neben den Brenten, deren Zubereitung keiner besser als Eduard Mörike – ein Schwabe übrigens – beschrieben hat, sind es vor allem die nach einer Frankfurter Patrizierfamilie benannten Bethmännchen, die den guten Ruf der hessischen Küche, auch was die süßen Leckereien anbetrifft, begründet haben. Ob man heute freilich noch, wie Mörike es empfiehlt, den Bäk-

Wenn in Sachsenhausen Hochbetrieb herrscht, hat der Wirt alle Hände voll zu tun, um den Durst seiner Gäste löschen zu können. Dann wird »gezappt«, ausgeschenkt, was die Gläser herhalten.

Grüne

Soße

ker scharf in die Pflicht nehmen kann, sei dahingestellt – das Rezept der Brenten jedoch ist nach wie vor nachahmenswert:

Mandeln erstlich, rat' ich dir,
Nimm drei Pfunde, besser vier
(Im Verhältnis nach Belieben).
Diese werden nun gestoßen
Und mit ordinärem Rosen-
Wasser feinstens abgerieben.
Je auf's Pfund Mandeln akkurat
Drei Vierling Zucker ohne Gnad'.
Denselben in den Mörsel bring,
Hierauf ihn durch ein Haarsieb schwing!
Sollst du mir dann ein Ding erlesen,
Was man sonst eine Kachel nennt,
Doch sei sie neu zu diesem End'!
Drein füllen wir den ganzen Plunder
und legen frische Kohlen unter.
Jetzt rühr und rühr ohn' Unterlaß,
Bis sich verdicken will die Mass',
Und rührst du eine Stunde voll!
Am eingetauchten Finger soll
Das Kleinste nicht mehr hängen bleiben;
So lange müssen wir es treiben.
Nun aber bringe das Gebrodel
In eine Schüssel (der Poet,
Weil ihm der Reim vor allem geht,
Will schlechterdings hier einen Model,
Indes der Koch auf ersterer besteht)!
Darinne drück's zusammen gut,

Und hat es über Nacht geruht,
Sollst du's durchkneten Stück für Stück,
Auswellen messerrückendick.
(Je weniger Mehl du streuest ein,
Um desto besser wird es sein.)
Alsdann in Formen sei's geprägt,
Wie man bei Weingebacknem pflegt;
Zuletzt – das wird der Sache frommen –
Den Bäcker scharf in Pflicht genommen,
Daß sie schön gelb vom Ofen kommen!

Ein bißchen viel haben wir von der Frankfurter Küche und ihren Besonderheiten berichtet, weil nur in wenigen Quellen vom Kochen auf dem Lande die Rede ist. Wir dürfen jedoch annehmen, daß auch in früherer Zeit ein fruchtbarer Austauschprozeß zwischen dem stattgefunden hat, was die Städter kochten und was auf dem Lande in den Kochtopf kam. Bei den wöchentlichen Markttagen gingen viele Gespräche hin und her zwischen Bürgern und Bauern, und wahrscheinlich wird hier nicht nur über das Wetter und den örtlichen Klatsch geredet worden sein, sondern auch über neue Zutaten, Gewürze, gute Weine und Lokalitäten, in denen man einen edlen Tropfen genießen und ein gutes Essen kosten konnte.

Jedenfalls können wir getrost festhalten: Wenn die alte Weisheit noch Gültigkeit haben sollte, daß alle Kultur vom Magen ausgeht, dann steht der Hessen Kultur in hoher Blüte.

Mit einem großen Bembel, der bis zu zwölf Liter faßt, wird der Äbbelwoi aus dem Keller geholt. Obwohl heute der größte Teil des Äbbelwois in modernen Großkellereien hergestellt wird, gibt es noch eine ganze Reihe von Wirten, die die beschwerliche und keineswegs einfache Arbeit des Apfelweinkelterns auf sich nehmen, denn sie schwören auf den individuellen Geschmack gerade ihres »Stöffches«.

Überall mittleres, menschliches Maß

„Die Chatten sind ein abgehärteter Menschenschlag mit gedrungenem Gliederbau, trotzigem Blick und großer Tatkraft, für Germanen reich an Besonnenheit und Überlegung. Davon zeugt die Wahl von Führern, der Gehorsam gegen die Oberen, die Kenntnis der Schlachtordnung, die richtige Nutzung des günstigen Augenblicks, der Aufschub des Angriffs, die Anordnung von Tageswachen, die Verschanzung zur Nachtzeit und der Grundsatz, nicht auf des Glückes Unbestand, sondern auf den sicheren Wert der Tapferkeit zu bauen … Keiner hat Haus und Hof, noch sonstige Beschäftigung, wo sie hinkommen, werden sie bewirtet. Fremdes Gut vergeuden sie, während sie eigenes verachten, bis endlich das kraftlose Alter sie zu eherner Tapferkeit unfähig macht" – so schrieb der römische Geschichtsschreiber Tacitus im Jahre 98 n. Chr. in seiner „Germania" über den unerschrockenen Stamm der Chatten, jene Vorfahren der Hessen, die etwa seit dem 3. Jahrhundert v. Chr. im heutigen hessischen Berg- und Hügelland ansässig geworden waren.

Es gingen über 1700 Jahre ins Land, ehe der Hanauer Hesse Jacob Grimm, der großartige Begründer der germanistischen Philologie und Sammler von Volksmärchen, in einer Vorrede zu diesen Märchen wiederum eine Charakterisierung seiner Landsleute versuchte, die nun doch etwas liebevoller ausfiel: „Hessen hat als ein bergichtes, von großen Heerstraßen abseits liegendes und zunächst mit dem Ackerbau beschäftigtes Land den Vorteil, daß es alte Sitten und Überlieferungen besser aufbewahren kann. Ein gewisser Ernst, eine gesunde, tüchtige und tapfere Gesinnung, die von der Geschichte nicht wird unbeachtet bleiben, selbst die große und schöne Gestalt der Männer in den Gegenden, wo der eigentliche Sitz der Chatten war, haben sich auf diese Art erhalten und lassen den Mangel an dem Bequemen und Zierlichen … eher als einen Gewinn betrachten. Dann empfindet man auch, daß die zwar rauheren, aber oft ausgezeichnet herrlichen Gegenden, wie eine gewisse Strenge und Dürftigkeit der Lebensweise, zu dem Ganzen gehören. Überhaupt müssen die Hessen zu den Völkern unseres Vaterlandes gezählt werden, die am meisten wie die alten Wohnsitze so auch die Eigentümlichkeit ihres Wesens durch die Veränderung der Zeit festgehalten haben."

Nun ist es zwar bis heute sehr umstritten, daß sich der Begriff Hessen von den Chatten ableitet, doch auf einigen Umwegen kann man es schon so hinbiegen: Vom gotischen Wort „hatjan" (soviel wie hassen, verfolgen, auch Krieger) bis über das Althochdeutsche „hessehunt" (Hetzhund) ist es zur Kennzeichnung der Hessen als Krieger und Jäger ja nicht weit.

Doch verweilen wir noch ein wenig bei der Geschichte, denn hier können wir uns auf einigermaßen gesicherte Erkenntnisse verlassen. Die Chatten, wie sie Tacitus beschreibt, siedelten nach der Zeit der Völkerwanderung im Einzugsgebiet von Eder, Fulda und Lahn und konnten trotz ihres Aufgehens im Stamm der Franken im hessischen Kerngebiet zwischen Vogelsberg, Rhön und Rothaargebirge das ursprüngliche Stammestum bewahren. Doch welche Entwicklung lag zwischen den Worten des Tacitus über die unerschrockenen Chatten und jenen Jacob Grimms über seine tüchtigen und tapferen Landsleute! Denn als Jacob ab 1812 gemeinsam mit seinem Bruder Wilhelm die bis heute unvergessene Sammlung seiner „Kinder- und Hausmärchen" herausgab, gab es schon lange kein geeintes Land der Hessen mehr, vielmehr finden sich auf der politischen Landkarte die Gebiete Hessen-Kassel oder Kurhessen und das Großherzogtum Hessen-Darmstadt, das sich vorübergehend auch noch die Landgrafschaft Hessen-Homburg einverleibt hatte, und in schönster deutscher Kleinstaaten-Zänkerei hatten sie nur noch wenig miteinander zu schaffen.

In den Jahrhunderten zuvor war das nicht ganz so gewesen, denn nach ihrer Christianisierung im 8. Jahrhundert durch Bonifatius, der die Donar-Eiche bei Geismar, das höchste germanische Heiligtum, fällte, stellten die Hessen mit den Rupertinern dem Reich ihr erstes Grafenhaus. Dieses wurde zwar im 9. Jahrhundert bereits von den Konradinern abgelöst, doch immerhin brachte dieses Geschlecht mit Konrad I. 911 einen deutschen König hervor. Zuvor hatten die nunmehr in fünf Gaue aufgeteilten Hessen im Heerzug Karls des Großen zur Unterwerfung und Christianisierung der Sachsen ihrem altgebrachten Ruf als Krieger und Kämpfer alle Ehre gemacht.

Die folgenden Jahrhunderte sind – wie in anderen deutschen Herzogtümern – geprägt durch kleinere und größere Erbstreitigkeiten, Zwistigkeiten, sogar handfeste Kämpfe, vor allem mit der nach weltlicher Macht strebenden hohen Geistlichkeit, hier vornehmlich dem Mainzer Erzstift, sowie mit dem thüringischen Landgrafenhaus.

Doch auch untereinander waren sich die Hessen keineswegs „grün", wie die Kämpfe der Landgrafschaft mit dem hessischen Adel im späten 14. Jahrhundert bezeugen.

Der Enkel der Thüringer Landgräfin Elisabeth der Heiligen, um die sich einer der schönsten deutschen Legendenkreise bildete, Heinrich I., das „Kind von Brabant", wurde 1264 zum ersten Landgrafen von Hessen gekürt. Zwar unmündig noch, wurde er doch zum Stammvater des Hauses Hessen, das für sechshundert Jahre die Geschicke des Landes bestimmen sollte. Mit seiner Erhebung in den Reichsfürstenstand 1292 wurde das Landgrafentum zur führenden weltlichen Macht in Hessen.

250 Jahre später erreichte das Land unter Philipp dem Großmütigen (1517–1567), der schon als 14jähriger die Regierung antrat, seine größte Gebietsausdehnung und reichte bis an den Mittelrhein und das Rhein-Main-Gebiet. Unter seiner Herrschaft entwickelte sich Hessen zu einer die deutsche Geschichte wesentlich beeinflussenden Macht: 1526 wurde der lutherische Glaube Landesreligion, die Klöster wurden aufgehoben, und mit den freiwerdenden Mitteln konnte ein Jahr später in Marburg die erste hessische Universität gegründet werden. Philipp übte auch großen Einfluß auf die Einführung der Reformation in Westfalen und Norddeutschland aus. Zwar zeugte seine Doppelehe, die er von Martin Luther und später auch von Karl V. absegnen ließ, nicht gerade von christlicher Moral, doch im Volk war er beliebt, schließlich beendete er den Bauernkrieg auf hessischem Boden ohne nachfolgende Rachegelüste, deshalb wohl auch – jedoch nicht historisch belegt – der Beiname „der Großmütige". Eines haben ihm die Hessen jedoch nie so ganz verziehen, nämlich die allzu großmütige Abfassung seines Testaments, in dem nicht – wie sonst üblich – der Erstgeborene sein Nachfolger wurde, sondern alle vier Söhne, je zwei aus jeder Ehe, das große Land teilen durften. Und so gab es ab 1567 Hessen-Kassel, Hessen-Marburg, Hessen-Darmstadt und Hessen-Rheinfels. Die Geschichte aller vier Teilgebiete erzählen zu wollen, würde Bände füllen. Beschränken wir uns also auf das Wesentliche, nämlich auf die Frage, wie es denn zum heutigen Lande Hessen kam.

Zunächst verschwanden die Namen Hessen-Rheinfels, das 1583 nach dem Aussterben der Linie an Hessen-Kassel fällt, sodann Hessen-Marburg, dessen Herrscher 1604 ebenfalls erbenlos stirbt. Bleiben also Hessen-Kassel und Hessen-Darmstadt. Ersteres zog sich den Zorn des großen Korsen Napoleon zu, als es unter Kurfürst Wilhelm I. dem Rheinbund nicht beitreten wollte, worauf es 1806 von Frankreich besetzt und dem Königreich Westphalen einverleibt wurde. Unter der siebenjährigen Herrschaft von Napoleons Bruder Jérôme, im Volk „Bruder Lustik" genannt, gab es nicht gerade viel zu lachen, auch wenn seine angeblichen „Späße" ganze Anekdotenbände füllen. Zwar sind die kulturellen Leistungen der Landgrafen von Hessen-Kassel im 18. Jahrhundert beispielhaft, so im Städtebau (Kassel) sowie in der repräsentativen Garten- und Schloßarchitektur, man denke nur an Karlsaue, Schloß Wilhelmsthal, Schloß und Park Wilhelmshöhe, doch vergessen werden darf auch nicht jenes traurige Beispiel von Fürstenwillkür, als ab 1776 fast 17000 hessische Landessöhne an der Seite Englands im Amerikanischen Unabhängigkeitskrieg kämpften. Das Fürstenhaus soll dafür wahrhaft fürstlich belohnt worden sein. Nach der Wiedererringung der politischen Selbständigkeit erhielt Wilhelm I. seine 1803 verliehene Kurwürde zurück, die er jedoch nie ausüben konnte, da es keinen Kaiser mehr zu küren gab. Das Reich war nicht mehr. Als Hessen-Kassel sich 1866 in dem preußisch-österreichischen Konflikt zu Österreich schlug, wurde es von dem siegreichen Preußen annektiert. Von den Darmstädtern bleibt wenig zu berichten, denn diese Landgrafschaft umfaßte nur ein Achtel des ehemaligen Hessen und war durch ständige Auseinandersetzungen mit der „brüderlichen" Linie Hessen-Kassel sehr geschwächt. Dennoch entfaltete sich am Darmstädter Hof unter der „großen Landgräfin" Henriette Karoline ein besonders reges geistiges und literarisches Leben. In den Jahren 1765–1774 war der Darmstädter Hof zweifellos ein gesellschaftlicher und kultureller Mittelpunkt Deutschlands.

1806 gewinnt das Land mit seinem Beitritt zum Rheinbund erhebliche Gebiete und wird Großherzogtum, das ab 1871 zum zweiten Deutschen Reich gehört. Von 1919 bis 1933 ist Hessen-Darmstadt sozusagen Freistaat, die 14jährige Geschichte dieses „Volksstaates Hessen" endet mit der Auflösung des Landtags und der Einsetzung eines Reichsstatthalters und Gauleiters durch die Nationalsozialisten.

Die Propsteikirche St. Michael in Fulda ist eine der ältesten deutschen Kirchen überhaupt und wurde von 820 bis 822 unter Abt Egil erbaut. Sie liegt an der Stelle, wo 744 im Auftrag des heiligen Bonifatius das Kloster Fulda gegründet wurde. Jener Bonifatius ist ja auch durch die Fällung des höchsten germanischen Heiligtums, der Donar-Eiche bei Geismar, in die Geschichte eingegangen.

Bliebe noch zu erklären, was es denn mit Hessen-Nassau und seinen Nassauern auf sich hat. Um es kurz zu machen: Hessen-Nassau war eine preußische Provinz und umfaßte die 1866 angegliederten Gebiete Kurhessen, das Herzogtum Nassau, Hessen-Homburg, kleine Teile des Großherzogtums Hessen sowie die Freie Stadt Frankfurt; Hauptstadt war Kassel. Diese Provinz wurde 1945 zum größten Teil der amerikanischen Besatzungszone zugeschlagen, vier Kreise fielen als Regierungsbezirk Montabaur zur französischen Zone, später an Rheinland-Pfalz.

Die amerikanische Besatzungsmacht proklamierte schließlich am 19. September 1945 das Land Großhessen: Nassau und Kurhessen sowie die rechtsrheinischen Teile von Hessen-Darmstadt bilden seitdem ein gemeinsames Land, das sich im Oktober 1946 eine eigene Verfassung und den Namen Hessen gab.

Soweit also die Geschichte, wenn auch im Zeitraffer. Dennoch ist sichtbar geworden, daß die Hessen trotz ihrer vielen Teilungen das große Glück hatten, nicht aus ihren Stammlanden vertrieben oder gar von anderen Stämmen assimiliert worden zu sein. Denn werfen wir einen Blick auf die Landkarte, so wird klar, daß das ehemalige Kernland der Chatten mit Vogelsberg und der Wetterau auch heute fast exakt der Mitte Hessens entspricht. Im Norden schirmt sich das Land gegen die Niedersachsen ab mit Reinhards-, Kaufunger- und Habichtswald, gegen Osten, also gegen die Thüringer, stehen Spessart und Rhön, gegen We-

Das Jagdschloß Kranichstein bei Darmstadt wurde 1752 im Auftrag des Landgrafen Georg I. errichtet. Durch die Erbfolge nach dem Tode von Kaiser Karl V. wurde Hessen 1567 auf seine vier Söhne aufgeteilt, von denen eines der Gebiete Hessen-Darmstadt war. Dort entfaltete sich unter der Landgräfin Henriette Karoline ein besonders reges geistiges Leben, dessen Spuren bis auf den heutigen Tag nachwirken.

Nächste Doppelseite: Lichtung im Spessart. Hessen gehört zu den waldreichsten Bundesländern. Fast vierzig Prozent seiner Fläche sind mit Wald bedeckt.

sten sind es Taunus und Westerwald, und im Süden, jenseits des Maintals, erhebt sich der Odenwald.

Hessen verfügt über den relativ größten Waldbestand unter den deutschen Bundesländern, fast vierzig Prozent seiner Fläche ist mit Wald bedeckt.

Und wie bieten sich diese hessischen Mittelgebirge dem Betrachter, dem Wanderer und Bewunderer dar! Der Odenwald mit dem an und um die Bergstraße gelegenen Blütenmeer, die milden Kuppen von Rhön und Knüllgebirge, die immergrünen, fast nie abreißenden Waldlandschaften von Westerwald, Meißner und Habichtswald, der Taunus mit dem Rheintal. Viele Landschaften fast unberührt, von Menschenhand nicht kultiviert, denn der Mensch hat vorsorgend Naturparks geschaffen, weit über hundert mit Tausenden von Hektar sind eingerichtet worden, um den Nachkommen diese einzigartige Pracht zu erhalten.

Eingebettet in diese Landschaft, von der ein Dichter einst vier kurze, doch treffende Worte fand: „Überall mittleres, menschliches Maß", romantische, kleine Ortschaften mit der für Hessen typischen Architektur, dem Fachwerkhaus.

Was hier in Jahrhunderten aus Holz, Stroh und Lehm geschaffen wurde, hat alles Moderne überdauert, wird auch in Zukunft das zweckmäßig Einbetonierte überleben. Halten Sie sich in Hessen abseits der großen Straßen, fahren Sie in das Land hinein und begeben Sie sich auf Entdeckungsreise. Nach Schlitz etwa, nach Alsfeld, Treysa, Frankenberg und Butzbach, sowie, schon südlich des Mains, nach Heppenheim und Michelstadt. Schauen Sie sich die Rathäuser und Marktplätze an, die fein herausgeputzten Bürgerhäuser in den oft winklig-verstiegenen Gassen mit ihrem herrlichen Fachwerk! Sicher, die Hessen haben diese Bauform nicht für sich gepachtet, sie setzt sich, im Nie-

dersächsischen etwa, fort, doch ist sie hier zur höchsten Kunst entwickelt worden.

Dies alles erhält seine besondere Note, wenn man bedenkt, daß diese stillen Dörfer und kleinen Städtchen eingewurzelt sind in eine zwar schöne, doch wirtschaftlich fast überall arme Landschaft, die unberührt blieb von den Einflüssen des südwestlichen Hessen mit seinen reichen Patriziern, den Großkaufleuten, Waren- und Geldhändlern. Daß dort, in den großen Städten, sich Reichtum bildete und eine freiere, unbeschwerte Lebensart, liegt auf der Hand. Im bäuerlichen, kleinstädtischhandwerklichen Milieu der hessischen Mittelgebirge waren die Lebensbedingungen eben härter, hier galt das böse Wort aus dem Volksmund: „Im Lande Hessen gibts hohe Berge und nichts zu essen, große Krüge und sauren Wein, pfui, wer möchte ein Hesse sein! Wenn Schlehen und Hagebutten nicht geraten, haben sie nichts zu beißen und nichts zu braten."

Doch die schwere Not der frühen Jahre ließ die Heimat aus der Fremde um so anziehender erscheinen: „Ich weiß ein teuerwertes Land, mein Herz ist zu ihm hingebannt; ich kann es nimmermehr vergessen, das liebe Land der blinden Hessen."

Diese „blinden Hessen" sind die wohl gebräuchlichste Bezeichnung für die „armen" Hessen, doch niemand kann das Wort richtig erklären, immerhin ist es seit dem 16. Jahrhundert verbürgt.

Doch lassen wir den Blick noch kurz auf jenen Landesteilen verweilen, die Hessen ebenso anziehend gemacht haben, wo in lieblichen Städtchen Kultur und Wissenschaft erblühten und bis auf den heutigen Tag prägend blieben, wo Kaufmannssinn, Handwerk und Handel reiche, mächtige Geschlechter hervorbrachten und blühende Städte schufen.

An Marburg etwa konnten sich unsere Altvorderen nicht sattsehen. Wilhelm von Humboldt

Besonders ausgeprägt und künstlerisch vollendet ist der Fachwerkbau in Hessen. Allein rund 250 Fachwerkkirchen sind noch erhalten, und eine davon ist die evangelische Pfarrkirche in Sellnrod im Vogelsberggebiet, die 1697/98 erbaut wurde. Das reich geschnitzte Protal trägt im Giebelfeld das landesherrliche Wappen.

verspürte eine süße Schwermut: „Dicht unter sich die alte räuchrige Stadt, weiter hin zu dem herrlichsten Kontrast lauter Wiesen und Gärten, durch die die Lahn sich schlängelt. Mein ganzes Herz erweiterte sich bei dem Anblick und wurde so voll …" Ein gewisser Johann Heinrich Jung, genannt Stilling, pflichtete ihm bei und sprach von einer Stadt voller Herzlichkeit und werktätiger Freundschaft. Und endlich der Hesse Clemens Brentano: „Die Aussicht hat durch das Gedränge des Gebirgs, des Flusses, der vielen hochbaumichten Gärten auch im Winter viel Reiz; es ist, als schautest Du in eine wunderbar kristallisierte Grotte."

Kassel und Fulda als alte Residenzstädte haben auch heute noch viel von ihrem Glanz bewahrt, man wandere nur durch die herrlichen Parkanlagen von Schloß Wilhelmshöhe oder fühle den Spaziergang der Johanna Schopenhauer durchs „heitere, reinliche" Fulda nach: „Es herrscht eine behagliche Ruhe. Einige Straßen sind eng und altväterisch gebaut, aber der Schloßplatz mit der berühmten schönen Domkirche und dem großen, wirklich fürstlichen Schloß könnte eine Zierde jeder noch so bedeutenden Stadt sein."

Und lauschen wir zum guten Schluß dem Bericht des Karl Riesbeck über die Mainmetropole Frankfurt, wie eh und je Mittelpunkt von Handel und Wirtschaft, Kultur und Wissenschaft im Rhein-Main-Gebiet. Wer genau hinhört, wird viele Anklänge an unsere Gegenwart finden, köstliche Bezüge, die von ihrem Reiz nichts verloren haben (Riesbeck schrieb dies vor zweihundert Jahren!): „Frankfurt ist eine sehr schöne und große Stadt. Prächtigere und bessere Gasthäuser als die hiesigen findet man in Deutschland nicht. Die Lage versichert dieser Stadt einen ewigen Genuß der Vorteile, wodurch sie so reich geworden. Sie liegt mitten in dem besten Teil Deutschlands, dessen natürlicher Reichtum den Luxus begünstigt …

Die Regierung der Stadt, die ehedem sehr finster war, hat nun eine gefälligere Miene angenommen und sucht den Fremden ihren Aufenthalt so angenehm als möglich zu machen. Man hat Schauspiele, Konzerte, einen Vauxhall (eine Art Vergnügungsgarten), die schönsten Spazierplätze, öffentliche Tanzböden und Freudenmädchen im Überfluß.

Im Ganzen sind die Einwohner dieser Stadt ein wenig steif im Umgang. Man findet aber doch Gesellschaft von der ersten Güte."

Lassen wir es dabei also bewenden, des Lobes ist genug getan. Wer dieses Land entdecken, es kennen- und liebenlernen will, der gehe selbst und suche nach dem, was hier nur angedeutet werden konnte: hessische Lebensart, Lieblichkeit im verborgenen Winkel, unverfälschte Natur in Hülle und Fülle.

Von Butz und Schneppern, Schepperling und Saurer Brühe

Will man erfahren, warum ein Volksstamm in seinen Sitten und Gebräuchen, in Eß- und Trinkgewohnheiten über Jahrhunderte so viel Eigenständigkeit bewahrt hat, so ist es das beste, man schaut in den alten Chroniken nach, in denen das urtümliche Leben und Treiben der Altvorderen minutiös aufgezeichnet worden ist. Dies gilt vor allem für die Eßkultur, denn sie stand nun einmal mit im Zentrum eines an Vergnügungen im heutigen Sinne armen Lebens – eines Lebens, das im besten Sinne genügsam war, denn die Hessen mußten ihren Böden, abgesehen von der fruchtbaren Wetterau, unter großen Mühen die kargen Erträge abringen. Und wenn dann einmal genügend in die Scheuer eingefahren werden konnte, gab es auch genügend Gründe zum ausgiebigen Feiern.

Begonnen hatte die bessere Bearbeitung des Bodens durch die Berührung der römischen Kultur mit jener der Chatten. Wenn diese Begegnungen nun auch nicht immer gerade friedlich verliefen, wie wir aus der Geschichte wissen, so übernahmen die Chatten doch einiges Nützliche von den Römern. An die Stelle der altgermanischen Weidewirtschaft trat allmählich eine intensive Bewirtschaftung der Ackerflächen, die Zahl der Genuß- und Nahrungsmittel mehrte sich. Erbsen und Kürbisse, Essig und Pfeffer etwa waren den Chatten früher völlig unbekannt; nach dem Abzug der Römer aber wurden sie fester Bestandteil der hessischen Küche. Auch feinere Obstsorten wie Kirschen und Pfirsiche, Pflaumen und Äpfel aus dem Süden wurden zwischen Odenwald und Rhön, zwischen Rheingau und Vogelsberg heimisch. Zu den germanischen Getränken gesellten sich schnell römischer Wein und Most. Der Anbau von Reben und die eigene Weinzubereitung folgten natürlich auf dem Fuß. Auch neue Trinkgefäße wurden eingeführt, neben den herkömmlichen Schalen und Hörnern findet man nun den Römern entlehnte Humpen und Becher, später auch Flaschen.

Die Hessen haben in späteren Jahrhunderten nicht so vielfältige Begegnungen mit fremden Völkern und Kulturen gehabt wie etwa die Bayern oder die Franken. So ist es auch nicht weiter verwunderlich, daß ihre Eßkultur sehr bodenständig geblieben ist, auch wenn spätestens seit dem Mittelalter selbst in der hessischen Küche gern geschwelgt wurde – und das hieß meist: viel und deftig.

Die Landesherren waren jedoch eifrig bemüht, die ausgedehnten „Gastereien und Schmausereien" einzuschränken, denn ihnen schien, daß die Untertanen zuviel feierten und zu wenig ans Arbeiten dachten. Zur Zeit des Landgrafen Heinrich I. (1265 – 1308) war Kassel zwar noch ein kleines Ackerbaustädtchen, doch was gute Kost war, wußte man auch dort, obwohl man das Mittagsmahl bereits ab 9 Uhr einnahm und das Abendessen schon ab 4 Uhr auf dem Tisch stand: Roggenbrei, Milchspeisen, gesalzenes Fleisch, ferner Erbsen, Rüben, Kohl, Hafermus sowie Fische aller Art. Zum Frühstück, das in aller Herrgottsfrühe serviert wurde, gab es Brot mit Butter, Käse und Speck, dazu fast immer Wein oder Bier.

Die „übermäßigen Gastereien" während der Markttage, zu kirchlichen und Familienfesten waren dann auch für einen anderen Landgrafen, nämlich Ludwig I. (1413 – 1458), Anlaß, gewisse Grenzen zu ziehen, denn er dünkte sich klug genug zu wissen, was seinen Untertanen frommt. So ordnete er im Jahre 1425 an, daß bei Eheschließungen am ersten Abend des Festes nur 15 Schüsseln, zur „Brautsuppe" höchstens 50 und am folgenden nochmals 15 Schüsseln aufgetragen werden durften – je zwei Personen für eine Schüssel gerechnet. Auch die Zahl der Gäste war nun vorgeschrieben: „Item

Oben: Kaum irgendwo in Europa findet sich in der Tradition des Fachwerkbaus ein Gebiet von so ausgeprägter Dichte und Geschlossenheit wie in Hessen.

Rechts: Gemütlichkeit hinter ehrwürdigen Fassaden. Und beim Betrachten dieses Bildes drängt sich eine andere hessische Volksweisheit geradezu auf: »Was Gudes, des is iwwerhaupt viel besser als was Schlechtes. Und liwwer eftersch emol zuviel als dauernd zu wenig!«

als man ein Kind taufen läßt, da sollen nicht mehr denn zwölf Frauen zur Kirche gehen und wieder in das Haus. – Item wer Hochzeit oder Wirtschaft in unserer Stadt Cassel haben oder machen will, sei er Pfaff, Laie oder Hofgesinde, der soll es so halten: Zum ersten sollen die Frauen, die zu der Hochzeit bitten gehen, nicht mehr sein denn sechs und eine Magd und wenn der Bräutigam darnach umgeht und bittet, derer soll nicht mehr sein denn zwölf ... Zu den Schmauserein soll niemand gehen, er werde denn sonderlich dazu geheischen und gebeten."

Dazu kommen noch Vorschriften über den verderblichen Branntweingenuß, und schließlich wird sogar, unter einem der Nachfolger Ludwigs I., vorgeschrieben, wie viele Gäste auf welcher Feier höchstens versammelt sein dürfen. Nun, Verbote allein helfen nicht gegen Genußsucht, und wie wir heute wissen, konnten sie das Feiern und Schmausen auf dem Lande auch kaum eindämmen. Ihre Lebensfreude ließen sich die Hessen auch vom strengsten Landesvater nicht vergällen, und was in den verschiedenen Landesteilen so alles aufgetragen wurde, macht schon beim Aufzählen satt: Ein wichtiges alljährliches Ereignis war das im Spätherbst oder zur Weihnachtszeit stattfindende Schlachtfest, an dem ein großer Teil der Dorfbewohner teilnahm. Das Hauptessen wurde natürlich erst nach Beendigung der Arbeit eingenommen und begann mit einer Brot- und Wurstsuppe, danach gab es gekochte Leberwurst. Der folgende Gang bringt Sauerkraut, Kartoffeln, Stücke von Kopf und Schwarten, Meerrettich, Rapünzchen, grünen Kohl, grüne oder weiße Bohnen. Zwischen den Gängen wird natürlich ein Gläschen Branntwein gereicht, denn eine gute Verdauung war die Voraussetzung, um alle Gänge auch „mitnehmen" zu können. Zum Abschluß folgte eine sogenannte „Saure Brühe" aus Wurstbrühe und Essig, geriebenem Brot, Gehacktem, Schwarten und Schweinestücken.

Selbstverständlich machte in neuerer Zeit die Hausfrau noch ein paar Gläser vom Eingemachten auf, auch Kaffee und Kuchen standen bereit. Doch üblicherweise war dies mehr für die Frauen bestimmt, die Männer hingegen saßen bei Bier und Branntwein bis in die frühen Morgen.

Eine Besonderheit gab es zum Schlachtfest im Gebiet des Vogelsbergs, nämlich den sogenannten „Butz". Dieser wurde nach der obligaten Wurstsuppe und einem zweiten Gang mit Sauerkraut, Erbsenbrei und Kesselspeck gereicht und nach alten Aufzeichnungen so zubereitet: „Geriebenes, geröstetes Weißbrot, feingehacktes Fleisch und feingeschnittene, mit Mehl und einigen Tropfen Blut gebräunte Zwiebeln zusammentun, welche Dinge zu einem Breie verarbeitet werden der gar langsam gegessen wird." Nun ja, über Geschmack kann man bekanntlich streiten, doch kräftig gewürzt, wird's unseren hessischen Vorfahren schon geschmeckt haben.

Kartoffelgerichte waren vom 18. Jahrhundert an auf dem Land alltäglich, und die Bauersfrau mußte sich schon große Mühe geben, ein wenig Abwechslung in die einfache Kost zu bringen. Aus Niederhessen sind uns noch die „Schnepper" bekannt, auch „Flaten" genannt: Geriebene Kartoffeln werden mit Mehl, Salz und Eiern auf gutem Feuer zu einem dünnen Kuchen gebacken, der mit verdünnter Butter oder Wurstfett gegessen wird. Auch Kartoffelpfannkuchen oder Schepperlinge, die in der Kachel gebacken wurden, sind nicht nur damals kleine Leckerbissen gewesen.

Zu Hochzeiten und Kindstaufen bot die hessische Küche natürlich all das auf, was Wald, Flur und Gewässer hergaben. Man hielt sich auch an keine obere Gästezahl, wie es der eine oder andere Landesvater gern gesehen hätte – im Gegenteil. Hundert Gäste waren keine Seltenheit, und fünfzig Schüsseln für eine Mahlzeit reichten kaum. Zwei bis drei Tage Feiern mit Essen und Trinken, Singen und Tanzen vergingen wie im Flug. Ein Stier, mehrere Kälber, Schweine und Hammel mußten dann schon einmal ihr Leben lassen – für einen Großbauern gewiß nicht viel, doch so mancher kleinere verschuldete sich damit über Jahre.

Den Gästen wurde zum Abschied der von ihnen mitgebrachte Teller gefüllt – als Zeichen des Dankes für die oftmals mühevolle Anreise. Aus dem hessischen Hinterland, dem alten Kreis Biedenkopf, wissen wir von Hochzeiten mit 250 bis 300 Teilnehmern, ohne die Kinder gerechnet. Die Feier wurde meist für Dienstag oder Donnerstag festgesetzt, damit man auch Zeit und Gelegenheit hatte, alle Gäste bis zum darauffolgenden Sonntag gut und reichlich zu verköstigen. Ein Tischtuch zierte die Tafel nicht, Messer, Gabel und Löffel waren von den Gästen mitzubringen. Die Speisenfolge war fast immer die gleiche: Reissuppe, gekochtes Rindfleisch, Meerrettich, Zwetschgen und Kartoffelsalat. Danach Frikassee von Lunge, Leber und anderen Innereien des geschlachteten Ochsen. Dazu kamen natürlich Berge von Kuchen und große Mengen Kaffee – sowie, als großer Luxus, pro Tasse Kaffee ein Stück Zucker, der alltags fast nie auf den Tisch kam.

Nicht minder üppig ging es bei den Kindstaufen zu, so in der Schwalm, jener lieblichen Landschaft zwischen dem Vogelsberg, Kellerwald und dem Knüll: Am Tage vor der Taufe kam der „Gevatterkorb" an, gefüllt mit Kuchen, Eiern, Weizenmehl, Wecken, Butter, Kaffee, Zucker, getrocknetem Obst, Würsten, Speck, Linsen und Bohnen, auch eine „Bouteille" Branntwein gehörte dazu. Getrunken wurde gern ein Warmbier – mit Rahm, Eiern und Zucker aufgekochtes einfaches Bier, das besonders oft im Winter gereicht wurde.

Nach dem Taufakt gab es im Hause der Eltern den Kindsschmaus: Vorweg die mit Zimt bestreute Wecksuppe, Reisbrei mit Rindfleisch, Schweinefleisch mit Sauerkohl. Zwetschgen bildeten wiederum das Schlußgericht.

Doch lassen wir die Festlichkeiten, zu denen ja noch die alljährliche Kirmes sowie die hohen christlichen Feiertage zu zählen waren und an denen es nicht minder üppig herging. Betrachten wir lieber kurz den normalen Alltag des Landmanns. Ein gewisser „Großherzoglicher Hof- und Cabinets-Bibliothekar" gab seinem Herrn, der Königlichen Hoheit Ludwig III., Großherzog von Hessen, vor über hundert Jahren einen großartigen Bericht über Leben und Treiben der Untertanen im Großherzogtum Hessen, über seine Menschen und deren Sitten und Gebräuche. Dies ist teilweise so anschaulich beschrieben, daß man sich noch heute ein genaues Bild vom damaligen ländlichen Alltag machen kann, und die Charakterisierung der Menschen in den verschiedenen Landschaften läßt den Betrachter schon einmal schmunzeln.

Dem Odenwälder etwa wird ein seltsames Gemisch aus Treuherzigkeit und Pfiffigkeit, gesunder Natur, ehrlicher Einfalt und Grobheit nachgesagt, wobei ihm Gastfreundschaft und Gefälligkeit nicht abzusprechen seien. Der Mann arbeite zwar stark und trinke gern Branntwein, doch werde das Bier immer beliebter. Der Verkehr zwischen Ledigen beiderlei Geschlechts sei etwas zu frei, und die Achtung vor fremdem Eigentum könnte manchmal etwas größer sein, meint der Chronist. Und weiter: „Während der wohlhabende Bauer gut lebt und nahrhafte Kost genießt, namentlich viele Mehlspeisen, viel gesalzenes und gedorrtes Fleisch, müssen sich die Tagelöhner mit Kartoffeln ernähren und Brod, halb von Kartoffeln, halb von Getreidemehl essen. Nur bei Hochzeiten, Kindstaufen, Kirchweihen wird Fleisch, Wurst, Braten, Schinken, Kuchen gern und viel gegessen."

Die Bewohner vom Vogelsberg hingegen zeichnen sich durch ihren „muhtigen Sinn, eine große Biederkeit, Ehrlichkeit und Dienstfertigkeit" aus. Entsprechend einfach sei ihre Lebensweise. Selbst der Wohlhabende genieße in der Regel kein Rindfleisch, Milch und Eier müßten die Fleischnahrung ersetzen: „Der wohlhabende Bauer ist sehr zufrieden, wenn er am Sonntage zu Sauerkraut und Kartoffelbrei ein Stück Speck oder Dörrfleisch genießen kann. Geräucherte Wurst, Dörrfleisch und der Speck des Schlachtschweins bilden vorzugsweise die Fleischnahrung der Wohlhabenden, Butter als Nahrung zu Brod kommt nur in besonderen Zeiten vor." Der Chronist vermerkt noch voller Mitleid, daß es im Gebiet des Vogelsbergs kaum Kuchen gebe, sondern die „Butterschnitte" schon ein höchster Genuß sei, doch hält auch er viel von der dortigen Sitte,

Vor allem im oberhessischen Raum ist das Hausschlachten noch weit verbreitet. Auf unserem Bild hängt die Großmutter einige der selbstgemachten Salamiwürste in den Räucherkamin.

Nächste Doppelseite: Zu den schönsten und am besten erhaltenen deutschen Städtchen des Mittelalters gehört Michelstadt im Odenwald. Berühmt ist der Marktplatz mit dem Fachwerkrathaus, aber auch abseits vom Zentrum findet man in und um Michelstadt viele malerische Winkel.

den Branntwein mit einer Portion Zucker zu versüßen oder mit Wermuth zu verbittern.

Schließlich seien noch die Bewohner des Hinterlandes zitiert, die man damals als „im Ganzen mehr gutmüthig und heiter als lärmend und roh" erachtet. Ihre hervorstechendste Eigenschaft sei der Fleiß, mit dem sie auf ihren unfruchtbaren Böden geringste Erträge erwirtschafteten, sodann die Genügsamkeit, denn „Kartoffeln und Speck, Brod und Branntwein sind die Hauptnahrungsmittel der Hinterländer". Doch einmal im Jahr, nämlich zur Bucheckernernte, hatten selbst die Ärmeren ihren guten Tag: „Ganze Karawanen sieht man dann aus den Gemeinden in den Wald ziehen, mit großen Leintüchern und Hämmern versehen, mittels deren die Bäume geklopft und ihrer Bürde entladen werden. Mit dem Oel der Bucheln werden dann die verschiedensten Speisen zubereitet. In allen Küchen duften die Kröpfeln, Eisenkuchen oder Waffeln und Kropfenkuchen . . ., dessen Hauptbestandtheile Kartoffeln und Hafermehl sind . . ."

Soweit wollen wir es genug sein lassen vom kargen Leben auf dem Lande, worauf heute so mancher sehnsuchtsvoll zurückblickt, ohne zu bedenken, wie mühselig Arbeit und Broterwerb waren.

Da ging es den Städtern schon besser, namentlich dort, wo sich die alten Handelswege kreuzten, wo Einflüsse aus aller Herren Länder Speis und Trank im Laufe der Jahrzehnte verfeinert hatten. Der Schriftsteller Rudolf G. Binding hat Erlebnisse aus seiner Jugendzeit vor über hundert Jahren aufgezeichnet, die das großbürgerliche Leben in Frankfurt am Main zur Weihnachtszeit herrlich charakterisieren: „Von hier kam alles Gute. Hier feierte man Weihnacht, doppelt sogar: denn die beiden Großeltern bereiteten uns gesondert das Fest. Nirgends war das Brot, waren die Eierweck, die Brenten, das Buttergebäck, das Bauerngebackene, die Pfeffernüsse, die Lebkuchen, die Würste, der Handkäs, das Bier, der Wein, selbst das Wasser besser als in Frankfurt, von den Bethmännchen und den Radankuchen der Großmutter, die es anderswo überhaupt nicht gab, gar nicht zu reden."

Rheingau - Weingau

„Wir sandten unsere leeren Gefäße zu dem Schenken, der uns ersuchen ließ, Geduld zu haben, bis die vierte Ohm angesteckt sei: Die dritte war in der frühen Morgenstunde schon verzapft. Niemand schämt sich der Weinlust, sie rühmen sich einigermaßen des Trinkens. Hübsche Frauen gestehen, daß ihre Kinder mit der Mutterbrust zugleich Wein genießen. Wir fragten, ob denn wahr sei, daß es geistlichen Herren, ja Kurfürsten geglückt, acht rheinische Maß, das heißt sechzehn unserer Bouteillen, in vierundzwanzig Stunden zu sich zu nehmen …" Der sich hier so verwundert über rheinhessische Trinkusancen ausläßt, ist niemand anderes als ein gewisser Geheimrat Goethe, übrigens auch ein waschechter Hesse, ein Patriziersohn aus Frankfurt am Main.

Was er nun getrunken hat, wissen wir nur zum Teil, aber wir kennen die Antwort auf seine Frage, und die hatte ein Weihbischof während einer Fastenrede gegeben: „Der Mißbrauch schließt den Gebrauch nicht aus. Stehet doch geschrieben: Der Wein erfreue des Menschen Herz!"

Nun, das Herz der Hessen hat er gewiß erfreut, obwohl der Geheime Rat sicher mehr die rheinhessischen Weine gemeint hat, deren Lagen heute nicht mehr zu Hessen gehören. Doch den Rüdesheimer Wein, also einen Rheingauer, hat er ausdrücklich zu den „Magnaten" gezählt, die unter sich keinen Rangstreit kennen.

Und um diese Rheingauer Lagen geht es heute, wenn wir vom hessischen Wein sprechen. Mit knapp 3000 Hektar Rebfläche gehört der Rheingau zu den kleineren deutschen Weinbaugebieten. In diesem leicht überschaubaren Fleckchen Erde auf rechtsrheinischer Seite zwischen Flörsheim und Wicker im Mündungsgebiet des Mains und Lorch werden heute pro Jahr rund 30 Millionen Flaschen gekeltert.

Die Rheingauer Weine haben eine sehr stolze Tradition, wurden die hiesigen Rebstöcke doch schon vor mehr als 200 Jahren in alle Welt exportiert: Australischer und südafrikanischer Riesling haben hier ihren Ursprung, auch der „Johannisburger" vom Neuenburger See in der Schweiz kommt ursprünglich aus dem Rheingau. Spätestens seit die englische Königin Victoria ihre große Vorliebe für einen edlen Tropfen aus Hochheim entwickelte, hat sich die Verballhornung dieses für englische Zungen kaum aussprechbaren Ortsnamens in „hock" als Synonym für deutschen Rheinwein in der angelsächsischen Welt eingebürgert.

Zwar macht die Rheingauer Mosternte nur etwa vier Prozent der gesamten deutschen Lese aus, doch nimmt der Rheingauer unter den deutschen Weinen eine gehobene Position ein.

Das Rheinknie zwischen Lorch, Rüdesheim und Mainmündung ist übrigens nicht zu verwechseln mit Rheinhessen auf der linken Rheinseite, das zwar seit dem Wiener Kongreß zum Großherzogtum Hessen gehörte, nach 1945 jedoch im Bundesland Rheinland-Pfalz aufgegangen ist. Hochheim, Eltville, Erbach, Rüdesheim und Assmannshausen aber gehören nach wie vor zu Hessen, ebenso wie das mit rund 400 Hektar kleinste deutsche Anbaugebiet, die Hessische Bergstraße. Hier ist der Weinbau meist Nebenerwerb, ein Hobby nach Feierabend. Da Hobbys nun einmal sehr liebevoll betrieben werden, können sich die Bergsträßer Weine sehen lassen.

Doch ob Hessische Bergstraße an den Südhängen des Odenwaldes, eingebettet in die lieblich-romantische Landschaft zwischen Heppen-

Nächste Doppelseite: Klein aber fein ist Hessens Weinbaugebiet im Rheingau. Für seine großartigen Rieslingweine besonders bekannt und geschätzt in aller Welt ist die Lage um das Schloß Johannisberg bei Geisenheim. Unser Bild zeigt Rebanlagen am Stockheimer Hof in Geisenheim, einem mittelalterlichen Patrizierhaus, in dem übrigens 1647 der Vertragstext für den Westfälischen Frieden erarbeitet wurde.

heim, Bensheim und Zwingenberg, oder der Rheingau – der überwiegende Teil der Weinberge ist mit den weißen Rieslingreben besetzt. Dieser fruchtigen, edlen Beere verdankt die gesamte Region ihre Weltgeltung. Das Klima tut ein übriges dazu: Der zwischen Walluf und Assmannshausen seenartig breite Rhein wirkt als Reflektor und Heizung zugleich; die ausgedehnten Waldflächen auf den Höhen bieten eine ideale Abschirmung nach Norden, und im 80 bis 220 Meter hohen Anbaugebiet herrscht bei 1643 Sonnenstunden im Jahr eine relativ hohe Durchschnittstemperatur, die die Reben „kochen" läßt.

Vom römischen Weinbau sind nur wenige Zeugnisse erhalten geblieben, etwa ein Winzermesser aus Rüdesheim und Weingefäße zwischen Flörsheim und Wicker. Erst aus der karolingischen Zeit sind uns urkundlich benannte Weinberge bekannt, so in Walluf (779) und in Johannisberg (817).

Seit dem 10. Jahrhundert prägten die Mainzer Bischöfe und die zwölf Klöster im Lande den Rheingauer Weinbau. Erwähnt seien vor allem das Benediktinerkloster Johannisberg (Gründung um 1100), von dem die Einführung des Rieslings als vorherrschende Rebsorte ausging, sowie das Zisterzienserkloster Eberbach (Gründung 1135), in dem erstmals der Begriff „Cabinett" gebraucht wurde und das eine besonders vorbildliche Kellerwirtschaft betrieb. Eberbach war sozusagen das Muster- und Lehrweingut des Rheingaus, das auch Weinhandel mit einer eigenen kleinen Flotte betrieb. Johannisberg krönte seinen Ruf mit der Entdeckung der Edelfäule, von Spät- und Auslese.

Die Rheingauer Winzer übernahmen von den Mönchen die Kultivierungsmethoden – sie waren stolze, freie Bauern, die nicht wie die Leibeigenen den hohen Abgaben an die Fürsten unterlagen und daher ein besonderes Interesse an der guten Qualität ihrer Weine und einem hohen Ertrag hatten. Das selbstbewußte Wort von Wilhelm Heinrich Riehl über das „Bauernland mit Bürgerrechten" war, wenn überhaupt, für die Rheingauer zutreffend, und sie haben ihre Eigenart auch bewahrt, als sie in Zeiten politischer Wirren mal dem einen Herrn, dann dem anderen untertan waren.

Vor allem sind sie Individualisten geblieben, was sich in einer Vielzahl von Familienbetrieben zeigt. Etwa 1400 „Feierabendwinzer" haben sich bis auf den heutigen Tag erhalten. Sie bearbeiten gut 500 Hektar und betreiben oftmals eine eigene Kellerwirtschaft.

Wer jemals entlang der Rheingauer Riesling-Route gefahren oder auf dem Rheingauer Riesling-Pfad gewandert ist und dabei die kulturellen und „vinologischen" Genüsse dieser Gegend gekostet hat, wird sicherlich gern in das Hohelied des Geisenheimer Weingutbesitzers Carl Anton von Forster einstimmen, das dieser vor über zweihundert Jahren verfaßt hat:

„Alle Rheingauer Weine sind würkliche Rheinweine, aber nicht alle Rheinweine sind Rheingauer. Alle die Weine, die von Schierstein an durch das ganze Land bis Lorch wachsen, sind Rheingauer Rheinweine, und unter diesen die vorzüglichsten und berühmtesten Gegenden: Erstens, zu Assmannshausen und Rüdesheim der dortige Hauptberg samt dem Rothlande und Hinterhäuser. Zweytens, zu Geissenheim der Rothenberg und Kappelgarten. Drittens, auf dem Johannisberg, der Fuldaische Schloßberg. Viertens, zu Hattenheim der Marckenbrunn …"

Dem ist eigentlich nicht viel hinzuzufügen – nur noch ein wenig zur Trinkkultur, denn Rheingauer Wein wird nun einmal im typischen „Rheingauer Römer" kredenzt, einem Stengelglas mit kelchförmiger Kuppe und ausladendem, gewelltem Fuß. Der Name „Römer" verweist übrigens nicht auf den früheren römischen Weinbau in dieser Gegend, sondern auf Funde aus dem 15. Jahrhundert in Köln, wo man bei Ausgrabungsarbeiten römische Glasreste entdeckte, die den damals verbreiteten Nuppengläsern ähnelten. Seit dieser Zeit heißen solche Gläser Römer.

Im Rheingau finden auch noch blaugraue Krüge aus Steinzeug zum Trinken Verwendung, doch sollte man die helle Bernsteinfarbe eines echten Rheingauers schon in einem durchsichtigen Glas funkeln lassen – ob Riesling, Müller-

Thurgau oder Silvaner, heben Sie das Glas auf diese herrliche Anbaugegend mit ihren köstlichen Qualitätsweinen, die wahrlich ihresgleichen suchen!

Der Weinbau war in früheren Jahrhunderten noch in ganz Hessen verbreitet, denn Wein war das gewöhnliche Getränk für den „gemeinen Mann". Man kann jedoch davon ausgehen, daß es sich dabei um einen „Dreimännerwein" gehandelt hat, der so sauer gewesen sein muß, daß drei Männer nötig waren, um ihn zu trinken: Der erste schenkte ein, der zweite sollte trinken, und der dritte hielt ihn fest, damit er nicht weglief.

Spätestens nach dem Dreißigjährigen Krieg ging der Weinverbrauch bei den Hessen stetig zurück, nur Klöster, Adel und Fürsten konnten es sich noch leisten, Wein zu trinken, und dieser wurde von den bevorzugten Lagen am Rhein bezogen. Der gemeine Bürger und Bauersmann hingegen ist auf das Bier verwiesen, das im 17. und 18. Jahrhundert in fast allen Dörfern und Städten noch selbst gebraut wird. Doch wird auch der Hopfenanbau immer mehr vernachlässigt, und das Bier verliert damit immer mehr an Güte. Dennoch blieb das Bier – wahrscheinlich aus Kostengründen – das einzige alkoholische Getränk, das weite Verbreitung fand und den Landgrafen, denen die Verleihung der Brau- und Schankgerechtsame zustand, hohe Einnahmen bescherte.

Heute erscheint uns unvorstellbar, unter welchen Mühen dieses Volksgetränk zu seinen Abnehmern kam, und da die alten Aufzeichnungen der Chronisten zum Schmunzeln Anlaß geben, sei ein wenig aus dieser Frühzeit der Braukunst erzählt: Das Braurecht stand im Prinzip allen „Vollbürgern" einer Stadt zu und wurde durch das Reihebrauen ausgeübt, wofür die Bürger eine gewisse Abgabe an die Stadtkasse zu zahlen hatten. Die Brautage wurden den einzelnen durch Lose zugeteilt, und wer den festgesetzten Tag nicht einhielt, machte sich strafbar.

Manche brauberechtigten Bürger verkauften ihre Braulose an andere, weil sie nicht genügend Verdienst erwirtschafteten und ihnen die Abgaben zu hoch erschienen. Das fertige Bier durfte im eigenen Haus ausgeschenkt werden, doch waren pro Tag höchstens zwei offene Schenken in der Stadt erlaubt – schließlich wollte die hohe Obrigkeit Ruhe und Ordnung gewährleistet wissen. Ausgeschenkt wurde mit einem „Mäßer", der dem Stadtrat gehörte und an den nächsten weitergereicht wurde, sobald man selbst mit dem Ausschenken fertig war. Abends um neun Uhr läutete die Bierglocke, und jeglicher Ausschank war einzustellen, sonntags und „unter der Predigt" durfte ebenfalls kein Tropfen fließen. Doch an Markttagen war es immerhin vier Bürgern gestattet, vor oder im Haus auszuschenken.

Auf dem Lande erstreckte sich früher die Braugerechtigkeit meist nur auf die größeren Orte. Das zum Brauen nötige Getreide wurde in den Mühlen geschrotet, und alle Müller waren in Eid und Pflicht genommen, ja auch richtige Angaben über die Menge des Getreides zu machen. Schließlich erhob der Grundherr hierauf seinen „Akzis", also seine Abgabe. Und jeder, der Bier verkaufte, hatte zudem eine Schanksteuer zu zahlen.

Nun war es wie gesagt nicht jedem Ort vergönnt, eine Braugerechtigkeit zu besitzen, und mancher Bauer mußte weite Wege zurücklegen, um für besondere Festtage, für Hochzeiten, Kindstaufen und Sterbefälle, das hopfene Gebräu zu holen. Auch öffentliche Wirtschaften, wie wir sie heute als selbstverständlich ansehen, sind in jenen Jahrhunderten nicht nur in Hessen selten. Nur größere Orte, durch die eine der alten Handelsstraßen führte, besaßen auch ein Gasthaus, das jeweils auf drei Jahre an einen Pächter vergeben wurde.

Mit dem Niedergang des Weines kam in Hessen neben dem Bier auch das Branntweintrinken auf. Wurde der Branntwein bis ins ausgehende 15. Jahrhundert fast ausschließlich in Apotheken als Arznei ausgegeben, so erfreut sich das scharfe Getränk nur fünfzig Jahre später allgemeiner Beliebtheit. Vor allem auf dem Land hatte sich das von der Obrigkeit als „Unsitte" beklagte Branntweintrinken eingebürgert. Zwar wurde auch hier erst einmal eine ord-

Bembel heißt in Hessen der Steinkrug, aus dem der Äbbelwoi ausgeschenkt wird. Die Krüge kommen aus dem Kannenbäckerland im Westerwald, sind grau glasiert und tragen oft den Namen des Wirts oder gelegentlich auch Stammtischsprüche. Der eigentümliche Name kommt wahrscheinlich von der ähnlichen Form des Glockenklöppels, den man ebenfalls Bembel nennt.

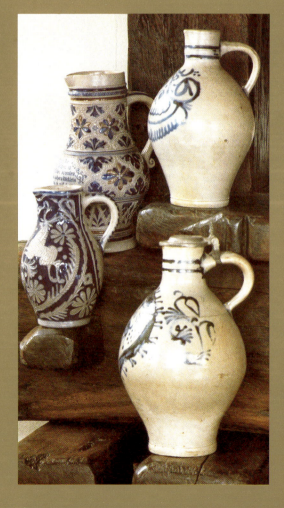

nungsgemäße Konzession von der „Oberrentkammer" erteilt – natürlich gegen eine entsprechend hohe Abgabe –, zwar mußten auch andere Abgaben auf die zum Brennen bestimmten Früchte gezahlt werden, doch der relativ hohe Preis schreckte die meisten Genießer wenig. Folgerichtig klagt Landgraf Wilhelm bereits um die Mitte des 17. Jahrhunderts, daß sich „jung und alt, Knechte und Mägde ans verderblich Branntweinsaufen gewöhnten". Sie versäumten durch die „Gelage und Söffereien die Arbeit, woraus dann ein üppiges, liederliches Leben entstehe und Krankheiten an Leib und Seele die Folgen seien".

Über hundert Jahre später schritten die Behörden noch immer gegen den ihrer Meinung nach zu hohen Genuß von Starkprozentigem ein. Die Erhebungen der amtlichen Kommissare waren eindeutig: „Alle Branntweinsgelage, wobei Bürger und Bauern ganze Tage lang in der Schenke blieben und einander zur Gefälligkeit mehr tranken, als sie vertragen konnten, und dadurch ihren Ackerbau und Haushalt versäumten", sollten fortan verboten und mit harten Strafen belegt werden.

Doch wie konnte man Verhältnisse verbessern, an denen auch die Obrigkeit kräftig mitverdiente? So wissen wir, daß man in Kurhessen im Jahre 1840 insgesamt 675 Brennereien zählte, in denen rund 90 000 Ohm (1 Ohm = 80 Maß oder etwa gleichviel Liter) hergestellt wurden.

Der kurhessische Staat nahm hieraus allein etwa 100 000 Taler Steuern ein. Man muß bei diesen Angaben übrigens berücksichtigen, daß die Bevölkerungszahl sehr viel niedriger war als heute …

Um dem übermäßigen Konsum abzuhelfen, schlugen verschiedene Behörden das Brauen eines schmackhaften Bieres zur „Bekämpfung des Branntweinübels" vor. Dieses Bier sollte die „Eigenschaften eines guten, also zum Genuß einladenden, erheiternden und ernährenden Getränkes haben, das Branntwein, Wein, auch Kaffee und Thee wenigstens im allgemeinen ersetzen und entbehrlich" mache. Doch wie das nun mal so ist zwischen der Obrigkeit und ihren störrischen Bürgern: Erst als der Alkoholkonsum nicht mehr von oben reglementiert wurde, hörte der exzessive Verbrauch auf. Gottseidank sind heute die Zeiten anders – niemand schreibt mehr vor, wer was wann und wo zu trinken hat. Und noch etwas: Die Hoffnung der Hofbeamten, eines Tages könne ein Bier gebraut werden, das zum Genuß einlade, ist tatsächlich in Erfüllung gegangen – ohne Reglementierung.

Heute ist es für jeden hessischen Brauer eine Selbstverständlichkeit, ja eine Ehre, ein würziges, frisches Bier zu kredenzen. Rippchen und Kraut, Frankfurter Würstchen, Handkäs mit Musik – dazu fällt jedem Genießer ein herzhaftes Bier ein.

Kulinarische Streifzüge

Die Rezepte sind ihrem Charakteristikum nach
alphabetisch geordnet. Sofern nicht besondere
Angaben gemacht werden, sind alle Zutaten
für vier Personen berechnet.

Äbbelwoi-Suppe

Man vermutet, daß bereits die Germanen neben ihrem Met ein alkoholisches Getränk kannten, das aus Äpfeln vergoren wurde. Aber erst 1648 erhielt ein Sachsenhäuser Gärtner die erste offizielle Schankerlaubnis für „Äbbelwoi", wie er in Hessen genannt wird. Dieses Frankfurter Nationalgetränk ist inzwischen weltweit bekannt. Schon um die Mitte des 18. Jahrhunderts wurden allein in Sachsenhausen, der Hochburg des „Stöffches", über 1 Million Liter Apfelwein ausgeschenkt. Heute liegt der Verbrauch bei weit über 10 Millionen Liter. Daß man daraus auch eine köstliche Suppe zubereiten kann, dürfte nur eingefleischten Hessen geläufig sein.

1 1/2 Liter Apfelwein, 1/2 Liter Wasser, 130 g Zucker, 1 Zimtstange, 2 Zitronenscheiben, 1 Eßlöffel Mehl, 2 Eigelb

In einem emaillierten Topf wird der Apfelwein mit dem Wasser, Zucker, Zimtstange und Zitronenscheiben 15 Minuten leicht gekocht. Das Mehl mit 1/2 Tasse Wasser anrühren und unter ständigem Rühren mit dem Schneebesen in den kochenden Apfelweinsud geben. Noch einmal fünf Minuten aufkochen lassen. Den Topf vom Feuer nehmen und die zwei Eigelb unterschlagen.

Rüdesheimer Apfelauflauf

Rüdesheim, der bekannte Weinort am Rhein, ist ganz sicher nicht wegen seines Apfelauflaufs in die Geschichte eingegangen, sondern weil es malerisch rechtsrheinisch gelegen ist, mit reizvollen Winkeln und Gassen, wo dem Rebensaft – vor allem in der berühmten Drosselgasse – manchmal allzu reichlich zugesprochen wird. Und weil in Rüdesheim nichts ohne „Wein, Weib und Gesang" geht, darf auch bei dem Apfelauflauf ein Schuß Weißwein nicht fehlen.

1 Liter Milch, 1 Prise Salz, 50 g Butter, 4 Eßlöffel Zucker, 1 Päckchen Vanillezucker, 125 g Gries, 1 kg Äpfel, 0,2 Liter Weißwein, Saft einer Zitrone, 4 Eßlöffel Zucker, 50 g Sultaninen, 4 Eiweiß, 4 Eßlöffel Sahne, 4 Eigelb

Milch aufkochen, Salz, Butter, Zucker, Vanillezucker und Gries unter stetem Rühren hinzufügen. Bei kleiner Hitze etwa zehn Minuten aufquellen lassen.
Äpfel schälen und in feine Scheiben schneiden. Den Weißwein, Zitronensaft und Zucker darübergeben. Die in Wasser aufgequollenen Sultaninen mit einem Wiegemesser zerkleinern und ebenfalls zu den Äpfeln geben.
Aus dem Eiweiß Eischnee schlagen. Zusammen mit Sahne und Eigelb unter den Griesbrei rühren. Mit den vorbereiteten Äpfeln vermischt in eine gebutterte feuerfeste Form füllen. Bei 180°C etwa 40 Minuten im Ofen backen. Zum Schluß mit Zimtzucker bestreuen und mit Vanillesoße servieren.

Apfelweinsoße mit Schwänchen

Wer in unseren Tagen in einer der gemütlichen Äbbelwoiwirtschaften in Sachsenhausen sitzt und ein „Schobbe" nach dem anderen genießt, wird wohl nur schwerlich auf die Idee kommen, daß aus diesem köstlichen Getränk, das von Glas zu Glas immer besser schmeckt, auch leckere Speisen gemacht werden können. Für „Schleckermäuler" dürfte diese Apfelweinsoße mit Schwänchen gerade das Richtige sein.

2 Eigelb, 65 g Zucker, 1 Teelöffel Stärkemehl, 1/2 Liter Apfelwein, 1 Zimtstange, abgeriebene Schale 1 Zitrone, 1 Päckchen Vanillezucker, 1 Nelke, 2 Eiweiß

Eigelb, Zucker und Stärkemehl mit drei Eßlöffeln Apfelwein anrühren. Den restlichen Apfelwein mit der Zimtstange, der Zitronenschale, dem Vanillezucker und der Nelke zum Kochen bringen. Vom Feuer nehmen und die vorher angerührte Flüssigkeit unter Rühren dazutun. Noch einmal kurz aufkochen lassen. Aus dem Eiweiß Eischnee schlagen und mit einem Teelöffel kleine Häufchen auf die heiße Soße setzen. Sofort mit einem Deckel zudecken, damit der Eischnee fest bleibt und er wie kleine Schwäne auf einem See wirkt. Dazu passen ausgezeichnet Biskuitstangen.

Aprikosenäpfel nach Großmutters Art

Aprikosen, auch Marillen genannt, wurden erst zur Zeit Alexanders des Großen in Europa heimisch. Er brachte sie aus Armenien mit, weshalb sie der Geschichtsschreiber Plinius auch „armenische Äpfel" nannte („armeniaca mala"). Das größte Anbaugebiet für Aprikosen in Deutschland befindet sich in der Umgebung von Mainz.

4 mittelgroße Äpfel, 25 g Butter, 1 große Dose Aprikosen, 3 Eßlöffel Honig, 60 g Mandelsplitter, 1/4 Liter süße Sahne

Die Äpfel schälen und das Gehäuse entfernen. Eine Auflaufform buttern und die Äpfel hineinstellen.
Die Aprikosen mit der Hälfte des Saftes und dem Honig in einem Mixer pürieren und über die Äpfel geben. Die Mandelsplitter gleichmäßig darüberstreuen. Im vorgeheizten Backofen 40 Minuten bei 200° C schmoren lassen. Die Sahne steifschlagen und zu den Aprikosenäpfeln geben.

Frankfurter Bethmännchen

Die Bethmännchen sind eine Frankfurter Spezialität. Sie wurden zum ersten Mal 1840 im Hause des Moritz von Bethmann, des Sohnes einer Frankfurter Patrizierfamilie und des seit 1743 bestehenden Bankhauses, zum Tee gereicht. Ursprünglich soll der Koch der Familie die Marzipanhäufchen mit vier Mandelblättchen versehen haben. Doch als ein Sohn starb, wurde eine Mandel weggelassen. Seither drückt man nur drei Mandeln in die Gebäckkugeln.

250 g Marzipanrohmasse, 80 g Puderzucker, 40 g Mehl, 1 Eiweiß, 65 g gemahlene Mandeln, etwas Fett Verzierung: 50 g ganze Mandeln, 1 Eigelb, 1 Eßlöffel Wasser

Die Marzipanrohmasse mit dem Puderzucker, Mehl, Eiweiß und den gemahlenen Mandeln zu einem glatten Teig verkneten. Kleine Kugeln formen und auf ein gefettetes Backblech setzen. Die abgezogenen Mandeln halbieren und jeweils 3 Mandelhälften senkrecht in jede Kugel drücken. Das Eigelb mit dem Wasser verrühren und die Bethmännchen damit bepinseln. Bei 150°C im Backofen etwa 15 Minuten backen.

Beulchen

Eigentlich gehören bei diesem Gericht aus dem Vogelsberger Gebiet die Kartoffelklöße, der Porree und die Blutwurst zusammen in einer Serviette oder in einem Leinensäckchen gegart, woraus sich auch der Name ableitet (Beutel). Die Originalrezeptur setzt aber eine gewisse Erfahrung voraus, und wir haben daher die einzelnen Teile des Gerichts getrennt beschrieben.

600 g gekochte Kartoffeln, 150 g rohe Kartoffeln, 150 g Mehl, 1/8 Liter Milch, 1 Ei, Salz, 750 g Porree, 50 g Butter, Salz, Muskat, 1/8 Liter Fleischbrühe, 10 g Speisestärke, gehackte Petersilie, 500 g Blutwurst, 50 g Butter zum Anbraten

Kartoffeln reiben und mit dem Mehl, der Milch, dem Ei und Salz zu einem Teig kneten, daraus Knödel formen und in leicht gesalzenem Wasser garen. Porree waschen und in fingerlange Stücke schneiden, in heißer Butter kurz anschmoren, mit Salz und Muskat würzen und Fleischbrühe aufgießen. Bei schwacher Hitze garen und mit der Speisestärke binden. Mit Petersilie bestreuen. Die Blutwurst in Scheiben schneiden, gut anbraten und über die Knödel verteilen. Das Porreegemüse um die Knödel legen.

Frankfurter Brenten

Der Barocklyriker Hofmann von Hofmannswaldau dichtete schon „Der zungen hongseim, des herzen marcipan". Auch in Hessen ist diese uralte Weisheit auf breites Verständnis gestoßen. Seit dem 16. Jahrhundert gibt es in Frankfurt dieses köstliche Gebäck aus Marzipan, dessen Name sich ebenso wie die Aachener Printen, mit denen sie allerdings nicht verwandt sind, aus dem englischen „to print" (drucken) ableitet. Goethe war ein großer Liebhaber von Brenten, und auch in seiner Weimarer Zeit mochte er sie nicht missen. Seine Mutter mußte ihn laufend damit versorgen. Einmal fiel eines dieser Pakete Posträubern in die Hände, und Mutter Aja beklagte sich: „Daß aber die Schurken den Confect gefreßen haben, hat mich geärgert!"

500 g Marzipanrohmasse, 120 g Puderzucker, 1 Eiweiß, 20 g Mehl

Die Marzipanrohmasse mit dem Puderzucker, dem ungeschlagenen Eiweiß und Mehl zu einem festen Teig kneten. Auf einem mit Zucker bestreuten Brett etwa vier Millimeter dick ausrollen und in gut bemehlte Holzmodeln drücken. Aus den Formen vorsichtig auf ein bemehltes Backblech setzen und 24 Stunden trocknen lassen. Am nächsten Tag das Blech mit gefettetem Pergamentpapier belegen und die Brenten 25 Minuten bei 160°C backen. Wer's noch genauer haben möchte, lese das Gedicht von Eduard Mörike über die Frankfurter Brenten auf Seite 21.

Diebchen mit Schustersoße

Diebchen heißen in Hessen die lockeren, ein wenig grünen Klöße, die vor allem in Nordhessen mit Specksoße (Schustersoße), aber auch mit Apfelmus gegessen werden.

*500 g rohe Kartoffeln,
500 g gekochte Kartoffeln,
1 Tasse Mehl, 3 Eier, 1/8 Liter Milch,
Majoran, Pfeffer, Petersilie,
Schnittlauch, 200 g Dauerwurst,
reichlich Salzwasser
Schustersoße: 100 g fetter Speck,
2 Zwiebeln, 2 Eßlöffel Mehl, 3/8 Liter
Brühe, 1 Eßlöffel Essig*

Die rohen Kartoffeln schälen und reiben. Die gekochten Kartoffeln ebenfalls reiben und alles zusammen mit Mehl, Eiern, Milch, Majoran, Pfeffer, gehackter Petersilie und Schnittlauch zu einem festen Teig kneten. Die Dauerwurst in grobe Würfel schneiden. Aus dem Teig Klöße formen, in deren Mitte ein Dauerwurstwürfel eingelegt wird. In kochendem Salzwasser 20 Minuten ziehen lassen.
Für die Soße den gewürfelten Speck auslassen und die kleingeschnittenen Zwiebeln darin andünsten. Mit dem Mehl bestäuben und bräunen. Die Brühe zugießen und etwas dicklich einkochen. Mit dem Essig säuerlich abschmekken. Die Schustersoße über die Diebchen geben. Zu diesem einfachen Essen passen besonders gut Gewürzgurken und Rote Bete.

Dippehas

Verzweifeln Sie bitte nicht beim Lesen einiger hessischer Rezeptnamen – „Gaaßelämmche" sind Osterlämmer, ein „Gickel" ist ein Hahn, und unter „Gereeste" versteht man Bratkartoffeln. Beim „Dippehas" werden Sie auch nicht darauf kommen, daß sich dahinter ein „Topfhase" oder auf gut deutsch ein Hase im Schmortopf versteckt.

*1 zerlegter Wildhase, Salz, Pfeffer,
500 g frische Bauchlappen,
60 g Butter, 2 Zwiebeln, Muskat,
1 Lorbeerblatt, 4 Pfefferkörner,
6 Wacholderbeeren, 2 Tomaten,
1/2 Teller geriebenes Schwarzbrot,
herber Rotwein (die Menge richtet
sich nach der Topfgröße), 1/8 Liter
saure Sahne, 1 Bund Petersilie*

Den Hasen waschen und trockentupfen. In etwa zwölf Stücke teilen und mit Salz und Pfeffer einreiben. Die Bauchlappen in kleine Würfel schneiden. Butter in einer Kasserolle erhitzen, die Hasenteile und Bauchlappenwürfel darin von allen Seiten anbraten. Die kleingeschnittenen Zwiebeln, Muskat, Lorbeerblatt, Pfefferkörner, Wacholderbeeren und gehäuteten Tomaten dazugeben und ebenfalls unter Rühren anbraten. Das Schwarzbrot hinzufügen und mit dem Rotwein aufgießen (das Fleisch muß bedeckt sein). Zugedeckt im Backofen zwei bis drei Stunden bei kleiner Hitze schmoren lassen. Vor dem Servieren saure Sahne unterziehen und mit gehackter Petersilie bestreuen.

Limburger Edelsäcker

Der berühmte Limburger Dom und die Burg thronen als eindrucksvolle Baugruppe über der mit zahlreichen Fachwerkbauten aus dem 16. und 17. Jahrhundert versehenen Stadt. Der spätromanische, siebentürmige und dreischiffige Dom wurde im 13. Jahrhundert errichtet. Limburgs Gründerjahre sind irgendwo in merowingischer Zeit zu suchen. Damals wird diesem wichtigen Platz – insbesondere durch die Lahnfurt – vor allem seine ideale Lage als Kreuzungspunkt der Straßen zwischen Frankfurt und Köln sowie zwischen Koblenz und Wetzlar zugute gekommen sein. Der Name des Gerichts leitet sich von Sack ab und bezieht sich auf die ins Fleisch eingeschnittene Tasche – bei den heutigen Fleischpreisen freilich ein sehr edler Sack!

---

1 1/2 kg Kotelettstück, vom Knochen gelöst, Salz, Senf, 100 g durchwachsener Speck, 1 Gewürzgurken, 200 g Sauerkraut, Pfeffer, 100 g Mehl, 50 g Fett

---

Das Kotelettstück waschen, trockentupfen und salzen. In das Fleisch eine tiefe Tasche schneiden, die innen mit Senf bestrichen wird. Speck und Gurken würfeln, mit dem Sauerkraut vermischen, pfeffern und in die Tasche füllen. Öffnung mit Rouladennadeln verschließen. Das Fleischstück in Mehl wenden und in heißem Fett bei mittlerer Hitze etwa 120 Minuten langsam braten. Eine bunte Gemüseplatte und Kartoffelklöße runden dieses Gericht ab.

Eisenkuchen

Erschrecken Sie nicht gleich beim Namen dieses sicherlich einfachen, doch wohlschmeckenden Kuchens. Es ist wohl kaum so, daß der Volksmund dieses nach dem Ausbacken recht trockene und feste Gebäck mit dem ironischen Zusatz „Eisen" versah, vielmehr dürfte der Begriff daher stammen, daß diese Art von Gebäck früher einmal im „Eisen", noch heute bei den Waffeln gebräuchlich, gebacken wurde. Mit Marmelade oder Gelee bestrichen, mundet dieser Kuchen vor allem dann gut, wenn man schon vorher reichlich geschwelgt hat.

*1 kg Mehl, 30 g Hefe, 150 g Zucker,
1 gestrichener Teelöffel Salz,
1/4 Liter warme Milch, 40 g Fett*

Das Mehl in eine Schüssel geben, die Hefe hineinbröseln, mit dem Zucker, Salz, der Milch und dem Fett vermengen und etwa 30 Minuten an einem warmen Ort gehen lassen. Den Teig in eine gefettete Backform geben und nochmals 30 Minuten gehen lassen. Vor dem Backen mit Milch bestreichen und im Backofen bei mittlerer Hitze 30–45 Minuten goldgelb backen. Die in Stücke geschnittenen Kuchen werden entweder in Kakao getunkt oder zu Pflaumenmus oder Gelee gegessen.

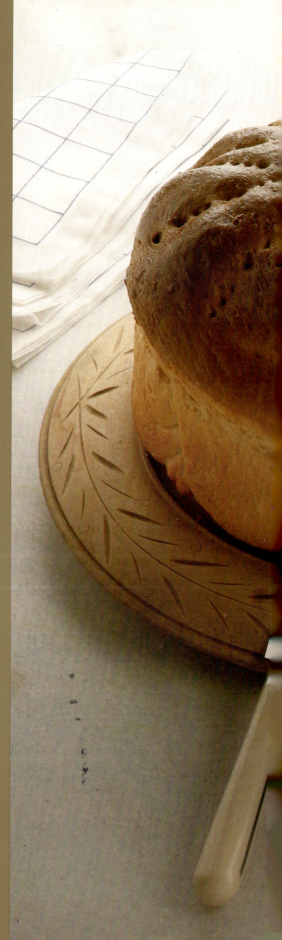

Grüne Erbsensuppe mit Eierschwämmchen

Ein weitgereister Engländer namens Graf von Rumford fand bereits Ende des 18. Jahrhunderts heraus, daß die nährende Eigenschaft einer Suppe mehr von der Wahl der Zutaten und der Kunst des Kochs abhänge als von der Höhe der dafür auf dem Markte ausgegebenen Summen.

50 g Schmalz, 80 g geräucherter Speck, 2 Zwiebeln, 2 Liter Fleischbrühe, 400 g grüne geschälte Erbsen, 1 Schinkenknochen, 2 Speckschwarten, 4 Möhren, 1 Stange Lauch, 1 kleine Sellerieknolle, 200 g Kartoffeln, 1 Lorbeerblatt, Salz, Majoran Eierschwämmchen: 50 g Butter, 100 g Mehl, 3 Eier, Salz, Muskat, 1 Liter Salzwasser

Schmalz auslassen, gewürfelten Speck und Zwiebeln darin andünsten, mit der Brühe auffüllen, die frischen Erbsen, Schinkenknochen, Speckschwarten dazugeben und aufkochen. Möhren, Lauch, Sellerie und Kartoffeln zerkleinern und zusammen mit Lorbeerblatt, Salz und Majoran zur Suppe geben. Bei kleiner Hitze etwa 90 Minuten garen lassen.
Für die Eierschwämmchen Butter in einem Topf auslassen und Mehl, Eier, Salz und geriebenen Muskat unter kräftigem Rühren zugeben. Schlagen, bis die Masse glatt ist und Blasen wirft. In einem anderen Topf Salzwasser aufkochen, mit einem kleinen Löffel Stücke aus der Masse abstechen und ins Kochwasser geben. Wenn die Eierschwämmchen oben schwimmen, noch fünf Minuten ziehen lassen und dann in die fertige Erbsensuppe geben.

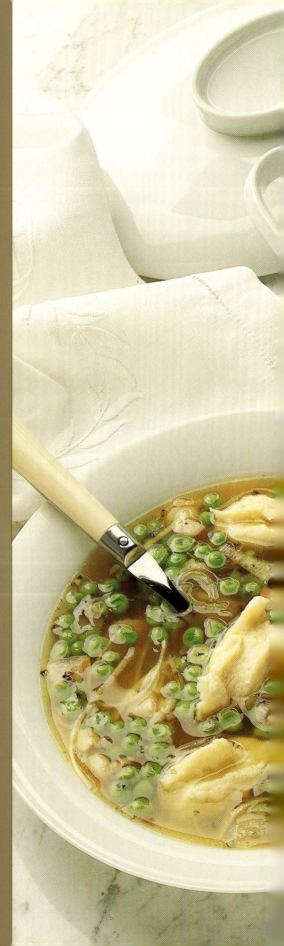

Essigtrauben

Die Wetterau – benannt nach dem Flüßchen Wetter – ist jene fruchtbare Landschaft, die sich zwischen Taunus und Vogelsberg erstreckt, aufgelockert von hübschen Dörfern und beschaulichen Städten wie Bad Nauheim, Butzbach und Friedberg. Hier wächst zwar kein Wein mehr, obwohl er dort bis zum späten Mittelalter noch angepflanzt wurde, doch weiß man immer noch, wie man Trauben auf besondere Art genießen kann.

1 kg Trauben (blau oder grün), Zimt, Nelken, 350 g Zucker, 3/4 Liter Weinessig

Die Weintrauben entstielen und mit dem Zimt und den Nelken in einen großen Steintopf legen (größere Einweckgläser reichen auch). Den Zucker im Weinessig aufkochen und abschöpfen, erkalten lassen und anschließend über die Trauben geben, so daß sie bedeckt sind. Das Ganze knapp eine Woche stehen lassen, den Saft abgießen, nochmals aufkochen und auf die Trauben zurückgießen. Den ganzen Vorgang noch einmal wiederholen. Die Trauben kann man zu Obstsalaten benutzen, für Tuttifrutti und vieles andere mehr. Noch ein Tip: Wenn man grüne Trauben benutzt, sollte man den Saft von ein bis zwei Zitronen hinzufügen, damit sie ihre grüne Farbe behalten.

Frankfurter Fondue

Ungerechterweise wird Frankfurt das deutsche Manhattan genannt. Natürlich stimmt es, daß eine ganze Reihe von Hochhäusern emporgewachsen ist, die das Bild der Stadt, die im letzten Krieg arg gelitten hat, prägen. Aber das ist nur die eine Seite. Frankfurt hat auch noch in unserer so schnellebigen Zeit Winkel und Ekken, in denen es gemütlich ist, die zum Verweilen einladen und Atmosphäre und Geselligkeit ausstrahlen. Für seine vielen und guten Gaststätten war Frankfurt schon früher berühmt, für seine einfallsreiche Küche ebenfalls. Und da Äbbelwoi, Zwiebel und Käse ohnehin zusammengehören, war die Erfindung des Frankfurter Fondues nicht schwer.

25 g Butter, 1 Zwiebel, 1/4 Liter Apfelwein, 500 g Gouda-Käse, 50 g Champignons, Salz, weißer Pfeffer, 1 Schnapsglas Kirschwasser

Das Fett in einem Topf erhitzen, die Zwiebel kleinschneiden und in dem Fett glasig werden lassen. Mit Apfelwein aufgießen. Den grob geraspelten Käse und die feingeschnittenen Champignons dazugeben und so lange rühren, bis sich eine glatte Masse bildet. Sollte die Masse etwas zu dünn geraten sein, wird etwas Stärkemehl mit zwei Eßlöffeln Apfelwein angerührt und damit angedickt. Mit Salz, Pfeffer und Kirschwasser abschmecken.
In dieses Fondue werden in Würfel geschnittene Weißbrotscheiben getaucht. Als Getränk ist Apfelwein zu empfehlen und zum Abschluß ein Kirschwasser.

Forelle blau Rhöner Art

Das Besondere an dieser Forelle sind zweifellos die frischen Zweige von Estragon und Zitronenmelisse, die dem Fischsud einen exzellenten Geschmack verleihen.
Von der appetitanregenden Zitronenmelisse bekommt man oft nur die getrockneten Blätter, die jedoch nicht mehr den typischen würzig-herben Geschmack haben, auch der Zitronengeruch der getrockneten Melisse ist längst nicht mehr so intensiv wie der der frischen Blätter oder Zweige. Gleiches gilt für den Estragon. Versuchen Sie also möglichst, die Kräuter jeweils frisch zu bekommen.

4 Forellen, 1 Liter Wasser, 1/4 Liter Weinessig, 1 kleine Zwiebel, 1 Lorbeerblatt, 1 Zweig frischer Estragon, 1 Zweig frische Zitronenmelisse, 1 Teelöffel Salz, 1 Teelöffel Zucker

Die Forellen vorsichtig waschen. Die angegebenen Zutaten in einen Topf geben und aufkochen lassen. Die Forellen in den Sud legen und etwa 10 Minuten ziehen lassen, bis sich die Rückenflosse leicht herausziehen läßt. Den Fisch mit Zitronenscheiben garnieren. Mit Kopfsalat, Salzkartoffeln, zerlassener Butter und Sahnemeerrettich servieren. Dazu einen trockenen Weißwein oder Rosé reichen.

Fraass
(Weißkrautauflauf)

In Hessen findet man nicht nur das größte zusammenhängende Rosenanbaugebiet Europas, die größten zusammenhängenden Basaltvorkommen der Welt und das einzige Hutmuseum dieser Erde, sondern auch ein Gericht, das den merkwürdigen und etwas ungerechten Namen „Fraass" trägt. Gut zubereitet, schmeckt nämlich dieser Auflauf aus Weißkohl, Hackfleisch und Speck hervorragend. Kein „Fraass" für Fresser, sondern ein Mahl für gute Esser.

1 kg Weißkraut, 1 1/2 Liter Salzwasser, 2 Brötchen, 1/4 Liter Milch, 250 g Hackfleisch, 2 Zwiebeln, 50 g Speck, Salz, Pfeffer, 40 g Butter

Weißkraut grob schneiden und in Salzwasser kurz aufkochen, abtropfen lassen. Die Brötchen zerkleinern und in der Milch einweichen. Das Hackfleisch mit den kleingeschnittenen Zwiebeln, dem gewürfelten Speck, den eingeweichten Brötchen, Salz und Pfeffer kräftig vermengen und anschließend mit dem Kraut mischen. Eine Auflaufform einfetten und die Masse hineinfüllen. Mit Butterflöckchen besetzen. Im Backofen bei 200°C etwa 100 Minuten backen. Mit Salzkartoffeln anrichten.

Frankfurter Kranz

Als C. J. Weber vor über 150 Jahren in seinen „Briefen eines in Deutschland reisenden Deutschen" schrieb, daß Frankfurts Küche „auf der Höhe der Zeit" stehe und die Gasthöfe Frankfurts die ersten Deutschlands seien, muß er wohl auch diesen Kranz probiert haben – eine inzwischen im ganzen Land gerühmte Köstlichkeit.

Teig: 125 g Butter, 4 Eigelb, 125 g Zucker, abgeriebene Schale 1/2 Zitrone, 150 g Mehl, 100 g Stärkemehl, 1/2 Päckchen Backpulver, 4 Eiweiß
Buttercreme: 1/2 Liter Milch, 100 g Zucker, 1 Päckchen Vanillepudding, 250 g Butter, 100 g Puderzucker, 2 Eßlöffel Rum, Krokant zum Bestreuen

Butter schaumig rühren. Abwechselnd ein Eigelb und einige Eßlöffel Zucker unter ständigem Rühren zugeben, bis die Masse hell cremefarbig ist. Zitronenschale, Mehl, Stärkemehl und Backpulver mischen und löffelweise in den Teig rühren. Zum Schluß Eiweiß zu Eischnee schlagen und locker unter den Teig heben. In eine gefettete Kranzform füllen und bei mittlerer Hitze 30 Minuten backen. Den Kranz abkühlen lassen. Für die Buttercreme aus der Milch, Zucker und dem Päckchen Vanillepudding einen Pudding kochen. Während des Abkühlens häufiger umrühren, damit sich keine Haut bildet. Butter mit Puderzucker schaumig rühren und löffelweise den erkalteten Pudding daruntermischen. Zum Schluß als Verfeinerung zwei Eßlöffel Rum beigeben. Den Kranz in der Mitte glatt durchschneiden, mit der Buttercreme füllen und auch außen bestreichen. Mit Krokant von allen Seiten bestreuen.

Frankfurter gestovtes Kalbfleisch

In alten Frankfurter Chroniken ist nachzulesen, daß bereits im 14. Jahrhundert Köche im Dienste der Stadt standen. Damals hatte der Hohe Rat der Stadt seinen eigenen Küchenchef, der ausschließlich für diese feinen Herren kochte. Diese Privilegien kennt unser moderner Staat nicht mehr. Der Oberbürgermeister muß heute – wie auch alle anderen – in der Kantine speisen.

Der Begriff gestovtes (Kalbfleisch) stammt aus dem Niederdeutschen, wo stowen soviel wie dämpfen bedeutet. Dieses leicht verdauliche Gericht ist übrigens in Schwaben und Franken unter dem Namen Eingemachtes Kalbfleisch beliebt und wird dort mit Bandnudeln gegessen.

100 g Fett, 1/2 kg Zwiebeln, 1 kg Kalbsschulter, 1/4 Liter Weißwein, Salz, Pfeffer, 2 Nelken, 1 Lorbeerblatt, Saft 1 Zitrone, 1 Eßlöffel Butter, 3 Eigelb, 1/4 Liter Sahne, frisch geriebene Muskatnuß

Fett in einem Topf erhitzen, die fein gewürfelten Zwiebeln darin glasig dünsten. Kalbfleischwürfel zugeben und dämpfen, bis das Fleisch weiß wird. Weißwein, Salz, Pfeffer, Nelken und Lorbeerblatt hinzufügen und bei kleiner Hitze etwa 45 Minuten weichdünsten. Das Fleisch herausnehmen und warmstellen. Den Zitronensaft in die Soße geben und einkochen lassen. Butter zufügen. Vom Herd nehmen und die mit den Eigelb verrührte Sahne unterschlagen, mit Muskatnuß abschmecken und über die Fleischwürfel gießen. Salzkartoffeln und Blumenkohl eignen sich gut als Beilage.

Gefüllte Gans

(6 Personen)

Eine Gans braucht keineswegs nur – wie noch in vielen Gegenden Deutschlands üblich – zum Martinstag am 11. November gegessen werden, jenem Tag, an dem früher der Schutzpatron der Gans, der Heilige Martin, angerufen wurde. Gerade in Hessen sind Gansrezepte sehr variantenreich, und außer der hier beschriebenen, traditionellen Zubereitung kennt man beispielsweise in Frankfurt das Gänsfüllsel mit Kastanien und Rosinen, und in Hersfeld umlegt man die Gans beim Braten mit Porreestückchen. Bereits unsere Urahnen aus vorgeschichtlicher Zeit wußten, daß Gänse vortrefflich schmecken, denn in Nord- und Mitteleuropa werden sie seit der Steinzeit als Haustiere gehalten.

*1 Gans, Salz, Pfeffer,
1 Gänsemagen, 1 Gänseleber,
1 Gänseherz, 2 Brötchen,
400 g Hackfleisch, 1 Zwiebel, 2 Eier,
Salz, Pfeffer, Muskatnuß, 1 Bund
Petersilie, 1/2 Liter Wasser*

Die ausgenommene Gans waschen und innen und außen salzen und pfeffern. Vom Gänsemagen die Haut abziehen und zusammen mit der Leber und dem Herz durch einen Fleischwolf drehen. Die eingeweichten, ausgedrückten Brötchen mit dem Hackfleisch, der kleingeschnittenen Zwiebel, den Eiern, Salz, Pfeffer, geriebener Muskatnuß und feingehackter Petersilie mengen, die durchgedrehten Innereien der Gans zufügen und zu einem Fleischteig verarbeiten. In die Gans füllen und zunähen. Das Wasser in einen Bräter gießen, die Gans hineinsetzen und im Backofen 2 1/2 Stunden unter häufigem Begießen bei mittlerer Hitze knusprig braun braten. Traditionell werden dazu Kartoffelklöße und Rotkraut gereicht.

Grüner Salat mit Weinsoße

„Salat scheut das Wasser" – diese Redewendung ist längst kein Geheimnis mehr für alle jene, die die französische Küche zu schätzen wissen. Der Salat sollte also nach dem Waschen nicht nur im Sieb abtropfen, sondern zusätzlich in einem Tuch trockengeschleudert werden. Worauf es beim Salat ankommt, ist schließlich die Marinade, und die darf nicht verwässert werden.

2 Köpfe Salat, Salz, 1 Teelöffel Senf, Saft 1/2 Zitrone, 1 kleines Glas würziger Riesling, 1/8 Liter Öl, Petersilie, Schnittlauch, Dill

Den Salat gründlich waschen und trockenschleudern. In kleine Blätter zerteilen. Aus Salz, Senf, Zitronensaft, Wein und Öl eine Marinade rühren. Petersilie, Schnittlauch und Dill kleinhacken und in die Marinade geben. Alles zusammen über den Salat geben und mischen. Eignet sich als Beigabe für alle Speisen, zu denen frischer Salat gereicht wird.

Frankfurter Grüne Soße

Beinahe alles, was an Küchen- und Gewürzkräutern besonders pikant mundet, vereinigt diese grüne Soße. Wer Schalotten und Borretsch dem Namen nach nicht kennt, dem sei geholfen: Borretsch ist auch unter dem Namen Gurkenkraut erhältlich, man verwendet von diesem Gewürz die frischen, jungen Blätter. Schalotten, auch Aschlauch genannt, verdanken ihren Namen der palästinensischen Stadt Askalon und sind mit unserer gemeinen Küchenzwiebel sehr verwandt, bestehen jedoch aus kleinen, zusammengesetzten Zwiebeln. Wichtig ist, daß mindestens sieben verschiedene Kräuter verwendet werden. Weniger ginge zur Not zwar auch, aber dann ist es eben keine Grüne Soße mehr. Die Zubereitung bzw. die Zutaten sind variabel, und wer's nicht gar so kalorienreich mag, kann ohne weiteres einen Teil des Öls durch Joghurt ersetzen.

*25 g Schnittlauch, 25 g Petersilie,
25 g Kerbel, 25 g Kresse,
25 g Sauerampfer, 25 g Borretsch,
25 g junge Schalotten, 10 g Estragon,
10 g Dill, 10 g Bohnenkraut,
3 hartgekochte Eier, Salz, 3 Eßlöffel
Weinessig, 1/4 Liter Öl*

Alle Kräuter gründlich waschen und ganz fein hacken. Die Eier ebenfalls hacken. Aus Salz, Essig und Öl eine Marinade rühren und mit den Kräutern und Eiern vermischen. Schmeckt köstlich zu kaltem Braten, Ochsenfleisch, Fisch oder Folienkartoffeln.

Hammeleintopf mit weißen Bohnen

In der Zeit der Romantik aß man gern und philosophierte in fröhlicher Tafelrunde mit Vorliebe über das Essen. Novalis, einer der bekanntesten Schriftsteller jener Zeit, meinte, daß Essen akzentuiertes Leben sei. Essen, Trinken und Atmen entspräche der dreifachen Teilung der Körper in feste, flüssige und luftige Konsistenz.

250 g Kartoffeln, 500 g weiße Bohnen, 125 g geräucherter Speck, 150 g Knoblauchwurst, 1 Knoblauchzehe, 1 1/2 Liter Wasser, je 300 g Hammel- und Schweinefleisch, 3 Zwiebeln, 1 Bund Suppengrün, 1 Lorbeerblatt, 50 g Schweineschmalz, 50 g Tomatenmark, 3 Nelken, Thymian, Salz, Pfeffer, 1/8 Liter Sahne, 20 g Paniermehl, 20 g Butter

Die geschälten Kartoffeln grob würfeln und zusammen mit den Bohnen, dem geräucherten Speck, der Knoblauchwurst und der zerdrückten Knoblauchzehe im kalten Wasser aufsetzen und zum Kochen bringen. Das Hammel- und Schweinefleisch in 2 cm große Würfel schneiden, Zwiebeln und Suppengrün zerkleinern und zusammen mit dem Lorbeerblatt in dem erhitzten Schweineschmalz scharf anbraten. Zu den Kartoffeln und Bohnen geben und das Tomatenmark mit Nelken, Thymian, Salz und Pfeffer unterrühren. Den Hammeleintopf bei kleiner Hitze etwa 60 Minuten garen. Den Speck und die Knoblauchwurst herausnehmen, kleinschneiden und wieder in den Topf geben. Die Sahne unterrühren. Danach den Eintopf in eine feuerfeste Form füllen, mit Paniermehl bestreuen und mit Butterflöckchen besetzen. Etwa 30 Minuten überbacken.

Odenwälder Hammelkeule

(6 Personen)

Früher wurde im Odenwald recht einfach gekocht. Was Feld und Wald hergaben, wurde zu einem mehr oder weniger schmackhaften Mahl verarbeitet. Erst in den letzten hundert Jahren hat die raffiniertere Küche auch die abgelegenen Täler erreicht.

1 1/2 kg Hammelkeule, 100 g Speck
Für die Beize: 1/4 Liter Essig,
1/4 Liter Wasser, 1/2 Liter Rotwein,
1 Zitrone, in Scheiben geschnitten,
Thymian, Rosmarin, 1 Bund
Suppengrün, 1 Zwiebel,
6 Wacholderbeeren,
1 Knoblauchzehe
Zum Braten: Salz, 60 g Butter,
2 Möhren, je 1/8 Liter Beize, Brühe
und saure Sahne, 20 g Mehl

Hammelkeule aus dem Knochen lösen, Haut und Fett entfernen und spicken. Alle Zutaten für die Beize außer dem Rotwein in einem Topf zum Kochen bringen und zehn Minuten ziehen lassen. Nach dem Erkalten mit dem Rotwein mischen, über die Keule geben und sie drei bis vier Tage unter mehrmaligem Wenden darin liegen lassen. Dann das Fleisch trockentupfen und salzen. In einem Bräter die Butter auslassen, die Möhren zufügen und die Keule anbraten. Die Beize angießen. Während der Bratzeit hin und wieder Brühe nachgießen. Etwa zwei Stunden bei mittlerer Hitze garen. 20 Minuten vor Schluß den Braten mit der sauren Sahne bestreichen. Fleisch nach dem Garen herausnehmen, die Soße durch ein Sieb geben und mit Mehl binden. Zu diesem Festessen gibt es Kartoffelkroketten und grüne Butterbohnen.

Handkäs mit Musik

(für eine Person)

Wer den Frankfurter Äbbelwoi schätzt und sich ein wenig in Frankfurt und Umgebung auskennt, dem wird diese kalorienarme Köstlichkeit bestimmt nicht entgangen sein. Die Hauptzutat, nämlich der Mainzer Handkäs, kommt zwar aus dem rheinhessischen, aber berühmt gemacht hat ihn Frankfurt und Sachsenhausen. Dort befindet sich unter jedem Schanktisch das „Käsedibbe" mit Pfeffer und Salz, Essig, Öl, Kümmel und Zwiebeln, jenem Gewächs, das für die „Musik", den guten oder schlechten Ton als Folge der Liebelei mit dieser Spezialität, verantwortlich ist. Der Handkäse muß „dorsch un dorsch dorsch" sein, wie der Frankfurter den Zustand des Käses treffend beschreibt, er soll auch im Innern nicht mehr weiß sein. Handkäs ißt man übrigens nur mit dem Messer, nicht mit der Gabel!

120 g Handkäse (Mainzer Käse), 2 Eßlöffel Essig, 1 Eßlöffel Wasser, 1 Eßlöffel Öl, 1 Zwiebel, frisch gemahlener Pfeffer

Den gut ausgereiften Handkäse – er darf nicht hart sein – auf einen Teller legen. Aus Essig, Wasser, Öl und der in Ringe geschnittenen Zwiebel eine Marinade herstellen und über den Handkäse geben. Eine Drehung frisch gemahlener Pfeffer obendrauf. Dazu wird Bauernbrot und Butter gereicht. Als Getränk sollte der traditionelle Äbbelwoi nicht fehlen.

Hasenkeule in Wacholder-Rahmsoße

Im Rheingau, dem berühmten Weinanbaugebiet Hessens, wird der Wein nicht als Durstlöscher angesehen, sondern als ein edles Produkt höchster Vollendung geschätzt und vor allem zu festlichen Gerichten gereicht.
Zur Hasenkeule empfiehlt es sich, keinen bernsteinfarbenen Weißen zu trinken, sondern z. B. einen Assmannshäuser Spätburgunder – natürlich aus einem Römer.

4 Hasenkeulen, Salz, Pfeffer,
15 Wacholderbeeren, 50 g Schmalz,
65 g durchwachsener Speck,
1 Speckschwarte, 1 Zwiebel,
2 Lorbeerblätter, 1/4 Liter Rotwein,
1 Eßlöffel Stärkemehl,
1/4 Liter Sahne

Die Hasenkeulen waschen, trockentupfen, salzen, pfeffern und mit zehn zerdrückten Wacholderbeeren einreiben.
Schmalz in einem Bräter auslassen, den gewürfelten Speck und die in große Stücke geschnittene Speckschwarte glasig dünsten, die gehackte Zwiebel dazutun und ebenfalls etwas andünsten. Die vorbereiteten Hasenkeulen obenauflegen, Lorbeerblätter und restliche Wacholderbeeren dazugeben und etwa 30 Minuten bei geschlossenem Deckel braten. Jetzt nach und nach den Rotwein dazugießen und das Fleisch etwa 45 Minuten darin garen. Hasenteile herausnehmen und warmstellen.
Den Bratensaft einkochen lassen und mit dem Stärkemehl binden. Vom Feuer nehmen, Sahne einrühren und durch ein Sieb passiert über die Hasenkeule geben.
Kartoffelklöße und mit Preiselbeeren gefüllte Birnen dazu servieren.

Holunderkuchen

Bitte wundern Sie sich nicht allzusehr, wenn statt des vielleicht erwarteten Kuchenteigs ein Kartoffelteig als Grundlage empfohlen wird. Die Holunder- oder Fliederbeeren eignen sich nämlich hervorragend als Belag, und wenn Sie es erst einmal selbst probiert haben, werden Sie diesen Kuchen bestimmt auch gern Ihren Gästen anbieten. Die Hessen lieben übrigens die Kombination von frischen Beeren mit Kartoffeln, und im Spessart ist sogar die sehr eigenwillige Verbindung von Kartoffelsuppe mit Heidelbeerkuchen eine ausgesprochene Spezialität.

1 kg gekochte Kartoffeln, 100 g Mehl, 50 g Mondamin, 1 Prise Muskat, 1 Prise Salz, 1 Eigelb, 1 Ei Belag: 500 g Holunderbeeren, 2 Eier, 2 Eßlöffel Zucker, 1/4 Liter saure Sahne

Die am Vortag gekochten Kartoffeln schälen, durch den Fleischwolf drehen oder durch die Kartoffelpresse drücken und mit den anderen Zutaten zu einem Teig verkneten. Auf einem gut gefetteten Blech dünn ausrollen. Die reifen, sauber abgestreiften und gewaschenen Holunderbeeren auf dem Teig verteilen. Die Eier mit dem Zucker schaumig schlagen und die saure Sahne darunterheben. Diese Masse über die Holunderbeeren streichen. Im Backofen bei starker Hitze 20 Minuten backen.

Rhöner Hutzelklöße

An vielen Berghängen und Höhen lodern am Aschermittwoch in der Rhön und einigen anderen Gegenden Hessens Frühlingsfeuer. Dieser Tag, an dem mittags nach altem Brauch nur Ölkuchen gegessen werden, erreicht seinen kulinarischen Höhepunkt, wenn abends, nach dem Gang durch das Dorf und dem sich anschließenden Besenschlagen, richtige Hutzelklöße auf den Teller kommen.

500 g Mehl, 20 g Hefe, 1/8 Liter warme Milch, 60 g Zucker, 1 Prise Salz, 3 Eier, 60 g Butter, 250 g Hutzeln (getrocknete Birnen), reichlich Salzwasser, süßer Obstsaft

Mehl mit zerbröckelter Hefe, Milch, Zucker, Salz, Eiern und Butter zu einem Hefeteig kneten, der am warmen Ort 30 Minuten gehen soll. Die Hutzeln vorher einige Stunden in Wasser einweichen, abtrocknen und zerkleinern. In den Teig einarbeiten und aus ihm große Klöße formen, diese wiederum 30 Minuten gehen lassen. Vorsichtig in reichlich kochendes Salzwasser setzen und 20 Minuten ziehen lassen. Mit Obstsaft beträufelt heiß servieren.

Kabeljau in Weißwein

Dieser wichtigste Fisch aus der Familie der Dorsche wird von den deutschen Fischern vor allem in den Gebieten um Grönland und Island, aber auch vor der norwegischen Küste und bei den Färöer-Inseln gefangen. Frischen Kabeljau kann man kaum noch kaufen, denn er wird bereits auf See verarbeitet und gleich tiefgefroren. Die Hausfrau im Binnenland ist also beim Kauf gegenüber den Küstenbewohnern nicht mehr benachteiligt. Die „Kühlkette" vom hohen Norden in den Süden funktioniert heute reibungslos, und jedes gute Fischgeschäft hat Kabeljaufilets vorrätig.

750 g Kabeljaufilet, etwas Essig oder Zitronensaft, 50 g Margarine, 2 Eßlöffel Mehl, 1 Zwiebel, 1/4 Liter trockener Riesling, Salz, Pfeffer, frischer Dill, 1/8 Liter süße Sahne

Den Fisch säubern, säuern (mit Essig oder Zitrone) und salzen, dann in mundgerechte Würfel schneiden. Die Margarine auslassen und das Mehl mit der kleingeschnittenen Zwiebel darin anschwitzen, mit Wein aufgießen und bei kleiner Hitze die Zwiebel weichdünsten. Salzen, pfeffern und die Fischstücke dazugeben. In der sämigen Soße 15 Minuten garen lassen. Reichlich frisch gehackten Dill unterrühren und die halb steif geschlagene Sahne darübergießen. Mit Salzkartoffeln und Kopfsalat servieren.

Gerollter Kalbsnierenbraten

Eine alte hessische Volksweisheit besagt: „Der Mensch hat een Maage. Und des net umsonst!" Vielleicht erklärt sich daraus die gesegnete Eßlust, die man bei den Hessen allenthalben findet. Aber nicht nur reichlich mußte das Essen sein, sondern schmecken sollte es auch – nach dem ebenso alten Spruch: „Was Gudes, des is iwwerhaupt viel besser als was Schlechtes." Wer einmal diesen gerollten Kalbsnierenbraten probiert hat, der wird nur feststellen können: „Ebbe".

---

1 1/2 kg Kalbsnierenstück, 1 Kalbsniere, Salz, frisch gemahlener Pfeffer, Rosmarin, 1 Lorbeerblatt, 60 g Fett, 2 Zwiebeln, 3 Möhren, 1 kleine Sellerieknolle, 1 Eßlöffel Mehl, 1/4 Liter Brühe, 1/8 Liter Weißwein, 1/4 Liter Sahne

---

Fleisch mit der halbierten, von Sehnen befreiten Niere füllen, salzen und pfeffern, zusammenrollen und fest zubinden. Von außen mit Salz, Pfeffer und Rosmarin einreiben. In einem Bräter Fett auslassen, den Braten von allen Seiten anbräunen, die gehackten Zwiebeln, Möhren und Sellerie dazugeben, anrösten und mit wenig Brühe ablöschen. Im Backofen zugedeckt bei kleiner Hitze etwa 100 Minuten garen. Das Fleisch herausnehmen und warmstellen. Den Fleischsaft einkochen, Mehl dazugeben, etwas bräunen, mit Brühe und Wein angießen und aufkochen. Die Sahne dazugeben, nochmals kurz aufkochen lassen, umrühren und dann durch ein Sieb passieren. Den Kalbsnierenbraten in dicke Scheiben schneiden, mit der Soße übergießen und zu Kartoffeln und Gemüse reichen.

Karpfen mit Zwiebelsoße

Der Karpfen ist heute in jeder deutschen Provinz ein sehr geschätzter Fisch, denn je mehr unsere Meerwasser-Fischbestände schrumpfen und Seefisch immer rarer und teurer wird, desto häufiger greift die Hausfrau auf den Karpfen zurück, der allerorts in Teichen gezüchtet wird. Wichtig beim Zubereiten ist die Beigabe von Essig und Zitronensaft, um den oftmals süßlichen Geschmack des Fleisches zu neutralisieren.

1 Karpfen (ca. 1 1/2 kg), Salz, 125 g Butter, 3 Eßlöffel Mehl, 3 Zwiebeln, 1/2 Liter Wasser, 1/4 Liter Weinessig, 60 g Zucker, 1 Zitronenschale, Saft 1 Zitrone, 4 Nelken

Den ausgenommenen und geschuppten Karpfen gründlich waschen, trockentupfen und salzen.
Butter in der Pfanne auslassen, Mehl zugeben und schön hellbraun anrösten. Die Zwiebeln grob zerkleinern und in der Pfanne etwas mitschwitzen lassen. Dann Wasser, Essig, Zucker, Zitronenschale, Zitronensaft und die Nelken dazugeben, kräftig rühren und zehn Minuten kochen lassen. Durch ein Sieb streichen.
Die durchpassierte Soße in einen Topf schütten, den Fisch zugeben und bei mittlerer Hitze etwa 30 Minuten dünsten. Beim Dünsten aufpassen, denn das Gericht brennt leicht an. Als Beilage empfehlen sich Salzkartoffeln, Salat und ein trockener Weißwein oder Rosé.

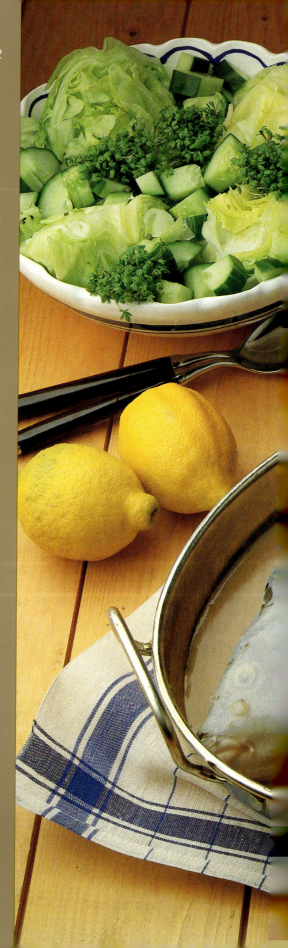

Kartoffelpfannkuchen

Wer zu Gast bei diesen köstlichen Kartoffelpfannkuchen ist, sollte sich ein wenig zähmen, denn allzu schnell gerät man in den Ruf eines „Nassauers", und darunter versteht man gemeinhin Menschen, die reichlich von anderen nehmen, ohne sich groß darum zu scheren. Daß die Bewohner des ehemaligen hessischen Herzogtums Nassau unter ihrem wenig ehrenvollen Beinamen häufig leiden, ist kein Wunder, denn eigentlich waren sie es, die „benassauert" wurden, denn an der Universität Göttingen unterhielten sie einst zwölf Freitische für Studenten ihres Herzogtums, die auch gern von Studenten aus anderen Provinzen belegt wurden. Diese aßen sich kostenlos an den Tischen durch, „nassauerten" also.

1 kg Kartoffeln, 2 Eier, Salz, 1 Zwiebel, 100 g Schmalz, 500 g Apfelmus

Kartoffeln schälen, reiben und durch ein Tuch den Saft ausdrücken. Eier, Salz und die geriebene Zwiebel hinzufügen und kräftig verrühren. In einer Pfanne Schmalz auslassen und aus der Masse kleine, dünne Pfannkuchen backen, die auf beiden Seiten sehr knusprig sein sollen. Mit viel Apfelmus zu Tisch geben. Eine Köstlichkeit!

Kartoffelsäck

Sir Francis Drake, der die Kartoffel 1586 zuerst aus Amerika mitgebracht hat, kann man für diese Tat gar nicht genug danken. Die Kartoffeln, Tartüffeln, Erdtüffeln, Erdbirnen oder Erdäpfel – um nur einige der vielen Bezeichnungen zu nennen – sind eine herrliche Frucht, aus der sich die verschiedensten Speisen zubereiten lassen. Der Kartoffelsäck ist ein großer Kloß aus Kartoffeln – eine der vielen Varianten der traditionellen, bäuerlichen Küche in Hessen. In anderen süddeutschen Gegenden hat der Kartoffelsäck mit dem Serviettenkloß einen entfernten Verwandten.

750 g rohe Kartoffeln, 150 g gekochte Kartoffeln, 1 Zwiebel, etwas Salz, reichlich Wasser

Die rohen und gekochten Kartoffeln reiben und gut miteinander vermischen. Die Zwiebel feinhacken und ebenfalls untermengen. Etwas salzen und in einen Kochbeutel füllen, der fest zugeschnürt wird. In reichlich kochendem Salzwasser etwa 60 Minuten garen. Dieses Vogelsberger Nationalgericht eignet sich gut als Beilage für alle Braten und Gemüse.

Rhöner Kartoffelsuppe

Die Naturparks Hessische und Bayerische Rhön gehören zu den schönsten in Deutschland und umfassen große Teile der Hohen sowie der Kuppen-Rhön. Aus diesem fast 1500 Quadratkilometer großen Gebiet stammt auch diese Kartoffelsuppe, ein typisch ländlich-derbes Gericht des hessischen Mittelgebirges.

500 g Kartoffeln, 1 große Möhre, 1/2 Sellerieknolle mit Blättern, 1 Stange Lauch, 100 g durchwachsener Speck, 1 1/2 Liter Wasser, Salz, 1/8 Liter süße Sahne, 1 Teelöffel Majoran, gehackte Petersilie, 150 g rohes Sauerkraut

Kartoffeln schälen und vierteln. Suppengemüse und Speck würfeln. Alle Zutaten mit Wasser und Salz etwa 45 Minuten langsam kochen und dann durch ein grobes Sieb drücken. Die gemuste Suppe in den Topf zurückgeben und mit der Sahne sowie dem Majoran noch einmal aufkochen. Mit gehackter Petersilie und rohem, zerschnittenem Sauerkraut überstreuen und heiß servieren.

Oberhessisches Kasseler

In Oberhessen, beginnend mit der Wetterau, der Kornkammer des Landes, wird das Hessische bäuerlicher. Wortendungen werden eingespart, wie etwa „heirot" statt heiraten oder „schlof" statt schlafen. Diese Sparsamkeit in der Sprache findet im Essen keine Parallele. Deftig, reichlich und gut gewürzt sind die Speisen in Oberhessen seit alters her. Das traditionsreiche Kasseler wird noch mit Gewürzen verfeinert und mit geriebenem Emmentaler überbacken.

3 Eßlöffel Butter, 750 g rohes Kasseler ohne Knochen, 1/4 Liter herber Weißwein, 1 rote Paprikaschote, 1 grüne Paprikaschote, 1 Stange Lauch, 2 Zwiebeln, 200 g Champignons, 1 Eßlöffel Mehl, 50 g Tomatenmark, Majoran, Basilikum, Salz, Pfeffer, 125 g geriebener Emmentaler Käse

Die Butter in einem Topf erhitzen und das Fleisch von allen Seiten kurz anbraten, mit Weißwein auffüllen und etwa 30 bis 40 Minuten dünsten. Inzwischen die Paprikaschoten in feine Streifen schneiden und die Lauchstange sowie die Zwiebeln in große Stücke zerteilen. Die Champignons halbieren. Alle Gemüse in heißer Butter andünsten, mit Mehl bestäuben und das Tomatenmark unterrühren. Den Bratenfond dazugeben und unter ständigem Rühren zehn Minuten dünsten. Mit Majoran, Basilikum, Salz und Pfeffer abschmecken. Das Fleisch in dicke Scheiben schneiden und in eine feuerfeste Form legen, das Gemüse darübergeben und mit dem geriebenen Emmentaler bestreuen. Im Backofen bei 250°C 20 Minuten überbacken, bis der Käse goldbraun geworden ist.

Kasseler in Brotteig

Bei den berühmten Kasseler Rippchen gilt es, ein ebenso berühmtes Mißverständnis auszuschalten: Dieses leicht gepökelte und geräucherte Kotelettstück ist keine Erfindung hessischer Köche oder Hausfrauen aus Kassel, sondern geht auf den Berliner Schlächtermeister Cassel zurück, der sein Geschäft in der Potsdamer Straße betrieb. Das Berliner Rezept wurde aber sehr bald auch in Hessen beliebt, und aus dem C wurde ein K. Es gibt übrigens noch eine Konkurrenz zu den Kasseler Rippchen, nämlich die „Frankfurter Rippchen". Diese sind allerdings nur gepökelt und nicht angeräuchert.

*1 Möhre, 1/2 Sellerieknolle,
2 Lorbeerblätter, 5 Nelken,
5 Wacholderbeeren, 2 Liter Wasser,
1 1/2 kg Kasseler am Stück,
750 g Brotteig vom Bäcker*

Möhre, Sellerie, Lorbeerblätter, Nelken und Wacholderbeeren im Wasser aufkochen und das Kasselerstück ohne Knochen dazutun. 30 Minuten garen und in der Brühe erkalten lassen.
Den beim Bäcker bestellten Brotteig ausrollen, das erkaltete Kasseler aus der Brühe nehmen und gut abtrocknen, in den Brotteig einschlagen und in der Backröhre 60 Minuten bei 180°C backen. Noch heiß in Scheiben schneiden und mit verschiedenen Salaten anrichten – am besten schmecken dazu Rettichsalat, Tomaten-, Gurken- und Kopfsalat. Natürlich ist bei diesem Gericht ein kühles, helles Bier nicht zu verachten.

Kirschenmichel

Der Kirschenmichel gehört zu den typisch hessischen Obstaufläufen, ist aber auch in Franken und in der Pfalz bekannt, wenn auch mit unterschiedlicher Zubereitung. Kein Wunder, daß der Kirschenmichel so beliebt ist, denn das Gericht ist schnell zubereitet – ohne großes Beiwerk, mit wenig Schnörkeln oder raffinierten Zutaten und – es schmeckt einfach gut!

5 Brötchen, 100 g Butter, 3/8 Liter Milch, 125 g Zucker, 4 Eigelb, Zimt, abgeriebene Schale 1 Zitrone, 4 Eiweiß, 1 kg entkernte Sauerkirschen, 100 g feingehackte Mandeln

Die Brötchen in dünne Scheiben schneiden und in 30 g Butter anrösten, mit der Milch übergießen und durchziehen lassen. Die restliche Butter mit Zucker, Eigelb, etwas Zimt und der geriebenen Zitronenschale schaumig rühren und die Brötchenmasse nach und nach untermischen.
Eiweiß zu Eischnee schlagen, mit den Sauerkirschen vermengen und vorsichtig unter den Teig heben. In eine gefettete, mit Mandeln ausgestreute Auflaufform füllen und bei 180°C im Backofen etwa 50 Minuten backen.

Kräuteraal

Dieses Aalgericht bekommt seine rechte Würze durch den etwas bitterlich schmeckenden Salbei, eine typisch mediterrane Pflanze, deren Würzkraft schon die Römer zu schätzen wußten und mit dem noch heute die Italiener ihre Speisen zu verzaubern wissen. Dieser sogenannte echte Salbei ist vom Muskateller-Salbei zu unterscheiden, der sich durch einen muskatartigen, an Lavendel erinnernden Geruch auszeichnet.
Vielleicht versuchen Sie, die besonders würzigen frischen Salbeiblätter bei einem der inzwischen allerorten ansässigen italienischen Gemüsehändler zu erstehen – der herrliche Geschmack belohnt die Mühe.

1 frischer Aal (ca. 1 kg), Salz, frische Salbeiblätter, 100 g Butter

Den ausgenommenen Aal mit Salz abreiben, waschen, trockentupfen und mit einem Zwirnsfaden Salbeiblätter um ihn herumwickeln. An Kopf und Schwanz zusammenbinden und von beiden Seiten in der Butter braten.
Ein gebuttertes Schwarzbrot, ein „Klarer" und ein kühles Bier gehören dazu.

Eckenheimer Kräuter-Kalbsrolle

Anfang des 19. Jahrhunderts hat ein Frankfurter einmal geschrieben: „Frankfurts Küche steht neben der Wiener und Hamburger, ja überflügelt sie noch durch französische Feinheiten, deutschen Schwartenmagen und Spanferkel. Sie hält die weise Mitte zwischen französischer Überfeinerung und britisch-nordischer Derbheit, eine weise Mitte zwischen den Fleischtöpfen Ägyptens, pikanten Saucen und Ragouts und schwerfälligen deutschen Mehlspeisen". Die Eckenheimer Kräuter-Kalbsrolle ist dafür der beste Beweis.

---

1 kg Kalbsbrust ohne Knochen, Pfeffer, Salz, je 1 Bund Schnittlauch, Petersilie, Kerbel, Estragon, Basilikum, Dill, 2 Zwiebeln, 30 g Paniermehl, 2 Eier, 1/4 Liter Wasser, 50 g Butter, 2 Eßlöffel Öl, 1/4 bis 1/2 Liter Fleischbrühe, 1 Eßlöffel Speisestärke, 1/8 Liter Sahne

---

Das Fleisch waschen und trockentupfen. Von beiden Seiten mit Pfeffer und Salz bestreuen. Alle Kräuter sowie die Zwiebel feinhacken und zusammen mit dem Paniermehl, den Eiern und dem Wasser zu einer geschmeidigen Masse verrühren, salzen und pfeffern und auf der Innenseite des Fleisches gleichmäßig verteilen, rundum einen 2 cm breiten Rand freilassen. Vorsichtig aufrollen und mit einem Faden umwickeln.
Die Butter in einem Bräter erhitzen, die mit Öl bepinselte Kalbsrolle hineinlegen und im Backofen bei 225°C etwa 90 Minuten braten. Von Zeit zu Zeit etwas Fleischbrühe angießen. Den fertigen Braten warmstellen und den Bratensaft mit Speisestärke binden. Zum Schluß die Sahne unterrühren und abschmecken.

Kraut-Sputel

Höhepunkt eines Besuches in der prächtigen Stadt Kassel, fälschlich als Taufpatin des berühmten „Kasseler" angesehen, ist seit eh und je eine Visite des kurfürstlichen Schlosses Wilhelmshöhe, das hoch über dem Tal liegt. Mit seinen kunstvoll angelegten Wasserfällen und Fontänen gehört es zu den eindrucksvollsten Bauwerken seiner Art. Franz Dingelstedt, ein heute fast vergessener hessischer Literat, hat die kurfürstlichen Wasserspiele so beschrieben: „Ein fernes Brausen und Zischen, über die Felsen vor uns rieselte erst ein dünner Wasserstrahl, dann noch einer, es rauschte immer mehr und endlich war der Wasserfall und das erste Pläsier vollständig."

250 g Mehl, 25 g Hefe, 1/8 Liter warme Milch, 1 Teelöffel Zucker, Salz, 50 g Butter, 1 Ei, 1 Zwiebel, 40 g Schweineschmalz, 500 g Sauerkraut, 2 Wacholderbeeren, 1 Eßlöffel Zucker, 1/8 Liter heiße Fleischbrühe, 5 Kasseler Koteletts

Das Mehl in eine Schüssel geben, in die Mitte eine Mulde drücken und die Hefe hineinbröckeln. Zwei Eßlöffel warme Milch und Zucker darübergeben, zu einem Vorteig verrühren und zugedeckt 15 Minuten an einem warmen Ort gehen lassen. Nun die restliche Milch, eine Prise Salz, Butter und das Ei hinzugeben und zu einem Teig verkneten. Noch einmal 30 Minuten gehen lassen.
Die kleingeschnittene Zwiebel im Schweineschmalz in einer feuerfesten Schüssel andünsten, das Sauerkraut mit den Wacholderbeeren, Zucker, Salz und der Fleischbrühe dazugeben und zehn Minuten kochen lassen. Die Kasseler Koteletts aufrecht in das Kraut stellen, aus dem Hefeteig vier Klöße formen, zwischen die Koteletts legen und das Ganze zugedeckt im vorgeheizten Backofen etwa 50 Minuten garen.

Lammkoteletts mit Zwiebelmus

Lammkoteletts sind zart und in der Regel so klein, daß man zwei für jede Person vorbereiten muß. In Hessen werden Zwiebeln in der Küche besonders gern verwendet, und es gibt eine ganze Reihe außergewöhnlicher Rezepte, um Zwiebeln in raffinierten Zubereitungen zu präsentieren. So ist diese Kombination von Lammkoteletts und Zwiebelmus eine dieser hessischen Schöpfungen.

8 Lammkoteletts (3 cm dick), frisch gemahlener Pfeffer, Salz, 50 g Fett Zwiebelmus: 1 Eßlöffel Butter, 200 g Zwiebeln, 8 Pfefferkörner, 30 g roher Schinken, 20 g Mehl, gut 1/2 Tasse Brühe, gut 1/2 Tasse süße Sahne, Salz, Pfeffer, 1 Eßlöffel Butter

Die Lammkoteletts mit Pfeffer und Salz einreiben und in heißem Fett von beiden Seiten anbraten.
Butter in einer Pfanne auslassen, die in Ringe geschnittenen Zwiebeln, Pfefferkörner und rohen, gewürfelten Schinkenscheiben hineingeben und langsam schmoren. Sobald die Zwiebeln weich sind, das Mehl darüberstäuben und hell anrösten. Mit Brühe und Sahne auffüllen und einkochen lassen. Die Masse durch ein Sieb passieren und mit Salz und Pfeffer abschmecken sowie einen Löffel Butter unterschlagen.
Die angebratenen Lammkoteletts nebeneinander in eine feuerfeste Form legen, das Zwiebelmus darüber verteilen und im Backofen oder Grill bei starker Oberhitze goldbraun backen. Mit Stangenweißbrot und einem gemischten Salat servieren. Dazu trinkt man am besten einen leichten Rotwein.

Leberterrine

Auch in Hessen soll es Menschen geben, die nicht nur essen, um satt zu werden, sondern die in bestimmten Speisen Feinheiten entdecken, die der normale Sterbliche ebenso „überschmeckt", wie er eine Dissonanz während eines Konzertes überhört. Die sogenannten „Feinschmecker" zerfließen vor Wonne beim Kosten eines delikat zubereiteten Gerichts. Sie folgen nicht dem Appetit, sondern dem bloßen Gelüst, das sie sich künstlich oder auch kunstvoll geschaffen haben. Angeblich sollen gerade Terrinen, jene ausgeklügelten Pasteten ohne Teighülle, den Geschmackssinn eines Feinschmeckers auf die Probe stellen.

150 g Weißbrot, 3/8 Liter Milch, 300 g Kalbsleber, 150 g mageres Kalbfleisch ohne Sehnen, 150 g frischer Speck, 1 Zwiebel, 1/2 Bund Petersilie, 3 cl Cognac, Salz, weißer Pfeffer, Pastetengewürz, 1 Prise Majoran, 2 Eier, 150 g durchwachsener Speck in dünnen Scheiben

Das Weißbrot in eine Schüssel geben und etwa 15 Minuten in der Milch weichen lassen. Die Leber von Röhren und Hautresten befreien, mit dem Kalbfleisch waschen und trockentupfen. Das Weißbrot ausdrücken und mit der Leber, dem Kalbfleisch, dem frischen Speck und der Zwiebel durch den Fleischwolf drehen. In eine Schüssel geben und mit der feingehackten Petersilie, dem Cognac, Salz, Pfeffer, Pastetengewürz, Majoran und den Eiern zu einem glatten Brei verarbeiten. Eine Pastetenform mit 2/3 der Speckscheiben auskleiden, den Teig hineingeben und glattstreichen. Die restlichen Speckscheiben obenauf legen.
Im Wasserbad in den vorgeheizten Ofen stellen und bei 200°C etwa 75 Minuten garen.

Frankfurter Linsensuppe

Für diese Linsensuppe braucht man unbedingt Frankfurter Würstchen, die angeblich erstmals in einer Chronik anläßlich der Krönung Maximilians II. im Jahre 1562 erwähnt wurden. Zur damaligen Zeit gab es die „Frankfurter" nur im Winter, weil man noch keine Konservierung kannte. Erst um 1890 wurde die Konservendose erfunden, und die delikaten Würstchen traten ihren weltweiten Siegeszug an. Diese aus bestem Schweinefleisch gefertigten zart geräucherten Würstchen dürfen nur dann Frankfurter Würstchen genannt werden, wenn sie aus dem dortigen streng definierten Wirtschaftsraum kommen. Hochburg der Würstchenherstellung ist heute Neu-Isenburg.

400 g Linsen, 1 1/2 Liter Fleischbrühe, 500 g Lauch, 200 g Möhren, 100 g Sellerie, 200 g durchwachsener Speck, 2 Zwiebeln, 2 Eßlöffel Essig, Salz, frisch gemahlener Pfeffer, 4 Frankfurter Wurstpaare

Linsen gründlich waschen. Die Brühe zum Kochen bringen. Die Linsen, den geschnittenen Lauch, die gewürfelten Möhren und Sellerie hineintun, aufkochen lassen und bei kleiner Hitze etwa 60 Minuten köcheln. In einer Pfanne den gewürfelten Speck auslassen, die Zwiebelwürfel darin bräunen und in die Suppe geben. Mit Essig, Salz und Pfeffer abschmecken. Zehn Minuten vor dem Servieren die Frankfurter Würstchen in der heißen Suppe ziehen lassen. Frankfurter Würstchen sollen übrigens nie gekocht werden, das wäre eine Todsünde. Nur das knapp zehnminütige Ziehen in heißem Wasser läßt das feine Aroma ungetrübt entfalten.

Lumpen und Flöh'

Seinen poetischen Namen verdankt dieses Gericht dem wie kleine Lumpenfetzen aussehenden Weißkraut und den leicht süßlich schmeckenden Kümmelkörnern, die beim Kochen wie Flöhe im Topf hüpfen. Kümmel ist sehr magenfreundlich und verdauungsfördernd. Schwer verdauliche Speisen wie Kohl oder Schweinefleisch verfeinert man daher gern mit diesem intensiv schmeckenden Gewürz.
In Hessen geht die Legende, daß die Iren dieses Gericht aus Hessen mit in ihre Heimat genommen und als „Irish Stew" berühmt gemacht haben.

1 kg Weißkraut, 500 g Hammelfleisch, 1/4 Liter Wasser, Salz, Pfeffer, reichlich Kümmel

Das Weißkraut zerkleinern, das Hammelfleisch von Knochen befreien und würfeln. Das Wasser mit Salz aufkochen, Fleisch und Kraut hineingeben, pfeffern und viel Kümmel zufügen. Bei kleiner Hitze 120 Minuten garen. Den Eintopf zum Schluß mit Kümmel und Pfeffer abschmecken. Dazu paßt ein herzhaftes Bauernbrot und ein kühles Bier oder auch ein Glas Äbbelwoi.

Motten mit Klößen

In Westfalen heißen sie „Polizeifinger", „Wruken" in Mecklenburg und in Frankfurt und Schwaben „gelbe Rüben". Die Begriffe Möhren oder Karotten sind den anderen Deutschen allerdings geläufiger für das, was die Hessen und hier speziell jene aus der Wetterau und dem Gebiet um den Vogelsberg Motten nennen.

750 g Kartoffeln, 2 Eßlöffel Semmelbrösel, 1 Eßlöffel Milch, 2 Eier, Muskat, frisch gemahlener Pfeffer, Salz, 2 Eßlöffel Öl, 600 g Schweinenacken, 200 g Zwiebeln, 750 g Möhren, 3/8 Liter Fleischbrühe, 1 Bund Petersilie

Die am Vortag gekochten Kartoffeln schälen und durch die Kartoffelpresse drücken. Den Brei mit Semmelbröseln, Milch und Eiern vermischen und gut durchkneten. Mit einer Prise Muskat, Pfeffer und Salz würzen. In acht Klöße formen. In einem Topf das Öl erhitzen und das Schweinefleisch kräftig anbräunen, herausnehmen und zur Seite stellen. Die Zwiebeln würfeln und in dem Fett glasig dünsten. Die in Stifte geschnittenen Möhren und die Brühe zufügen. Das Fleisch in mundgerechte Stücke schneiden, hinzufügen, alles salzen und im geschlossenen Topf bei kleiner Hitze 40 Minuten garen. Die Klöße obendrauf setzen und im geschlossenen Topf weitere 20 Minuten garen. Mit gehackter Petersilie bestreut im Topf servieren. Dazu trinkt der Wetterauer Bauer traditionsgemäß einen Korn.

Nesterhebes mit Lauchgemüse

Für diese Klöße ist das Lauchgemüse unabdingbar. Der eigenwillige Name dürfte deshalb auch daher kommen, daß die Klöße wie in ein grünes Nest gebettet sind, aus dem sie beim Essen gehoben werden.

Kartoffelteig: 1 kg rohe geriebene Kartoffeln, 1/2 kg gekochte geriebene Kartoffeln, 1/8 Liter Dickmilch, 1 Prise Salz
Füllung: 500 g Gehacktes, 1 Ei, 1 Zwiebel, gewürfelt, Pfeffer, Salz Öl zum Braten
Lauchgemüse: 500 g Lauch, 1/8 Liter Wasser, 50 g durchwachsener Speck, Kümmel, Salz, 2 Eßlöffel Mehl, 1 Eigelb

Rohe und gekochte Kartoffeln mit der Dickmilch und dem Salz vermengen und Klöße formen. Hackfleisch, Ei, gewürfelte Zwiebel, Pfeffer und Salz zusammendrücken und zu einem Fleischteig verarbeiten. Die Kartoffelklöße damit füllen. Anschließend die Klöße etwas plattdrücken und in Öl langsam von beiden Seiten braten, bis sie schön gebräunt sind.
Lauch in 1 cm große Stücke schneiden und in dem Wasser zusammen mit dem Speck, Kümmel und Salz etwa 20 Minuten kochen. Den Lauch herausnehmen. Etwas Gemüsebrühe mit dem Mehl verrühren und damit die Lauchbrühe andicken. Den Topf vom Feuer nehmen und das Eigelb unterschlagen. Die Klöße auf dem Lauchgemüse anrichten, Soße über den Lauch gießen und heiß servieren.

Nuß-Schnaps

Aus dem malerischen Städtchen Butzbach am nordwestlichen Rand der Wetterau stammt dieses Rezept. Butzbach ist eine alte Ackerbürger- und Handwerkerstadt, die bereits im 1. und 2. Jahrhundert als römische Garnisonstadt am Limes in großer Blüte stand. In der Umgebung von Butzbach findet man noch zahlreiche Walnußbäume, und so ist auch dieses alte Hausrezept dort sehr beliebt, obwohl Schnaps aus Walnüssen auch in anderen Gebieten gewonnen wird, wie zum Beispiel im Elsaß. Der Walnuß-Schnaps eignet sich übrigens hervorragend als Magenelixier nach dem Genuß eines zu üppig geratenen Mahles.

500 g Walnüsse, 1/2 Liter 90 %iger Alkohol, 1 kg Zucker, 1 1/4 Liter Wasser, 1/2 Liter 50 %iger Alkohol

Die noch nicht ganz reifen Walnüsse (ab Mitte Juli ernten!) enthäuten, in einem Mörser zerstampfen und in eine Weinflasche füllen. Den 90 %igen Alkohol dazugießen und die Flasche gut verkorken. Das Ganze etwa sechs Wochen lang dem Sonnenlicht aussetzen und täglich gut durchschütteln. Danach den Nußextrakt durch ein Tuch gut abseihen. Den Zucker im Wasser auflösen, den 50 %igen Alkohol und den Nußextrakt hinzufügen, alles gut umrühren und auf Flaschen abfüllen, die gut verkorkt werden.

Heddernheimer Ofenkartoffeln

Zu Beginn des 19. Jahrhunderts waren Frankfurt und seine Vororte berühmt ob der Qualität und Reichhaltigkeit der Speisen ihrer Gasthöfe. Eduard Beurmann, ein vielgereister Jurist, gab 1835 in seinen „Frankfurter Bildern" eine eindringliche Schilderung: „Es ist eine wahre Höllenarbeit, sich durch alles durchzufressen ... Deshalb haben denn auch die Ärzte in Frankfurt vollauf zu tun, und die Köche werden hier besser honoriert als die Schriftsteller, sintemal nicht bloß in den Gasthöfen, sondern auch bei den Diners in den Privathäusern gegessen und getrunken wird comme il faut."

1 kg nicht zu kleine Kartoffeln, etwas Olivenöl, 100 g roher Schinken, 1 Bund Schnittlauch, 1 Zwiebel, 1/8 Liter Sahne, 2 Eigelb, 2 Eiweiß, Salz, Pfeffer, 50 g Butter

Die Kartoffeln gründlich waschen, trockentupfen und die Schale mit Olivenöl einreiben. Die einzelnen Kartoffeln in Alu-Folie einwickeln und im Backofen bei 250°C etwa 45 Minuten backen.

In der Zwischenzeit den Schinken in feine Würfel schneiden, Schnittlauch und Zwiebel fein hacken und mit der Sahne unter Umrühren erhitzen. Vom Feuer nehmen, Eigelb unterrühren, aus dem Eiweiß Eischnee schlagen und unterheben. Salzen und pfeffern. Die Kartoffeln oben aufschneiden, aushöhlen und das Herausgenommene durch ein Sieb passieren. Die Kartoffelmasse zusammen mit der Butter in einen Topf geben, unter Rühren erhitzen, mit Pfeffer und Salz abschmecken und vom Feuer nehmen. Die vorbereitete Sahne-Gewürz-Masse nach und nach unterheben und wieder in die Kartoffeln füllen. Noch einmal etwa 15 Minuten bei 180° C im Backofen backen.

Rettichsalat

Für diesen Rettichsalat benötigt man den sogenannten Winterrettich mit schwärzlicher Wurzelschale. Der Rettich wurde übrigens schon bei den Ägyptern und bei den Hebräern angebaut, denn man weiß aus alten Aufzeichnungen, daß die Arbeiter der Cheops-Pyramide ihn in großen Mengen gegessen haben. In unseren Breiten ist er erst seit der Zeit Karls des Großen, also etwa seit dem Jahre 800 bekannt. Die Hessen sind leidenschaftliche Hobbygärtner und bereiten ihre Erzeugnisse am liebsten frisch und mit Phantasie zu. Neben dem hier beschriebenen Rezept kennt man im Spessart eine prachtvolle Mischung aus gleichen Teilen Rettich- und Tomatensalat, von Emmentaler Käse und Butterbrot begleitet.

2 große schwarze Winterrettiche, Salz, 1 Prise Zucker, 1/4 Liter saure Sahne, Saft 1/2 Zitrone, etwas Essig

Rettiche schälen, raspeln und leicht gesalzen zehn Minuten zugedeckt stehen lassen. Aus Zucker, saurer Sahne, Zitronensaft und Essig eine Marinade rühren und über die leicht ausgedrückten Rettiche geben. Dazu passen „scheene Bratkadoffele" und der unvermeidliche Äbbelwoi.

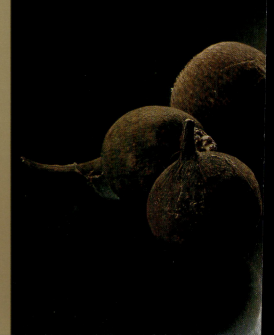

Frankfurter Rippchen mit Kraut

Daß die Frankfurter immer etwas Besonderes sein wollen oder auch sind, machen sie nicht nur überall dort klar, wo man sie trifft, sondern auch dann, wenn es ums Kochen geht. Der Normalsterbliche vermutet nämlich hinter den Frankfurter Rippchen Kasseler, oder setzt zumindest beides gleich. Die Frankfurter aber pökeln zwar die Rippchen, doch sie räuchern sie nicht. Ein kleiner Tip: Rippchen vom Hals sind durchwachsen, Lendenrippchen sind fettärmer. In Sachsenhausen nennt man die Rippchen übrigens „Frankfurter Gebabbel", und der dazugehörige Äbbelwoi ist einfach und sinnvoll „Babbelwasser".

*1 1/2 Liter Wasser, 1 Nelke,
1 Lorbeerblatt, 1 Zwiebel,
4 Scheiben gepökelte Rippchen
Kraut: 1 Eßlöffel Schmalz,
1 Zwiebel, 750 g Sauerkraut,
1 Lorbeerblatt, 3 Wacholderbeeren,
1 Apfel, 1/8 Liter Weißwein*

Wasser mit der mit Nelke und Lorbeerblatt gespickten Zwiebel aufkochen lassen, die Rippchen hineinlegen und drei Minuten kochen, dann 20 Minuten ziehen lassen.
Das Schmalz in einem Topf erhitzen, die gewürfelte Zwiebel glasig dünsten und das zerpflückte Sauerkraut dazugeben. Lorbeerblatt, Wacholderbeeren und den in Scheiben geschnittenen Apfel ebenfalls zufügen und alles etwas anschmoren. Den Wein angießen und zugedeckt bei kleiner Hitze etwa 40 Minuten garen. Zusammen mit den Rippchen und Kartoffelbrei servieren.

Sauerampfersuppe

Der Sauerampfer stammt aus der über 200 Arten zählenden Familie der Ampfer, einer in ganz Europa, im gemäßigten Asien und Nordamerika verbreiteten Pflanze. In Deutschland wächst vor allem der sogenannte „große Sauerampfer". Der südeuropäische Gartenampfer, auch Gemüseampfer oder englischer Salat genannt, wird schon in den Küchen des Altertums hoch geschätzt. Sein säuerlicher Geschmack kommt übrigens von seinem beträchtlichen Gehalt an Oxalsäuresalz. Rohe Sauerampferblätter sollten nur in kleinen Mengen gegessen oder gekaut werden, abgekocht bestehen keine Bedenken, wobei es allerdings empfehlenswert ist, zur Suppe kein Mineralwasser zu trinken (was ohnehin ja kaum jemand tun wird!) und das Gericht nicht in Kupfergeschirr zuzubereiten. Mit der Wiederentdeckung der Natur kommt auch der Sauerampfer wieder zu Ehren, und das zu Recht, denn sein Geschmack ist sehr angenehm und würzig.

4 Eßlöffel feingehackter Sauerampfer, Butter zum Anschwitzen, 1 Liter Fleischbrühe, 4 Scheiben Weißbrot, 3 Eigelb, 3 Eßlöffel Rahm, 1 Prise geriebene Muskatnuß

Den Sauerampfer gründlich verlesen, waschen und feinhacken, in der ausgelassenen Butter anschwitzen. In einem Topf die Fleischbrühe erhitzen, den Sauerampfer dazugeben und kurz aufkochen lassen. Nun das Weißbrot reiben, in die Suppe geben und so lange weiterköcheln lassen, bis das Brot die Suppe gebunden hat. Die Eigelb mit dem Rahm und der Prise Muskatnuß verrühren und unter die vom Feuer genommene Suppe ziehen.

Hessischer Schaumwein

An Sekt oder Champagner sollte man bei diesem Getränk lieber nicht denken, denn es ist schon arg zuckrig, und es ist zu empfehlen, die angegebenen Mengen nicht zu überschreiten, sonst könnten böse Nebenfolgen eintreten. Man kann ja zu vorgerückter Stunde noch einmal die gleiche Prozedur wiederholen, vor allem an kühlen Winterabenden. Besonders geeignet ist der hessische Schaumwein jedoch als Dessert, und hier ist die Verwandtschaft zur französischen Chaudeau-Sauce, zum holländischen Candeel oder auch zur italienischen Sabaione nicht zu übersehen. Der Unterschied liegt eben im Wein oder, genauer gesagt, im Äbbelwoi. Ausgezeichnet schmeckt zum hessischen Schaumwein Löffelbiskuit.

*1 Liter Apfelwein, 4 Eier,
200 g Zucker*

Alle Zutaten in einem Topf aufs Feuer stellen und mit dem Schneebesen so lange miteinander verrühren, bis die Flüssigkeit aufkocht. Nicht weiterkochen lassen, sonst gerinnt die Masse! In hübsche Gläser füllen und je nach Geschmack vielleicht einen Teelöffel Arrak dazugeben. Wenn kein Apfelwein zur Hand ist, kann man selbstverständlich auch einen Weißwein verwenden.

Schepperlinge

Dieses Rezept stammt aus einer Zeit, da körperlich noch hart gearbeitet wurde und man zu fast jeder Mahlzeit sehr kräftige und kräftigende Gerichte zu sich nahm, auch zum Vesper oder zwischendurch. Süßes zum Kaffee war schon außergewöhnlich und wurde höchstens am Sonntag und an Feiertagen gereicht. Und so aß man früher die Schepperlinge zum Kaffee.

*400 g Kartoffeln, 2 Brötchen,
3/8 Liter Milch, 2 Eier, 50 g Speck,
Butter zum Bestreichen*

Die Kartoffeln reiben. Brötchen in der Milch einweichen, zerkleinern, gut durchrühren und warmstellen. Dann mit den geriebenen Kartoffeln und ganzen Eiern mischen. Zu einem Teig verarbeiten. Ein Kuchenblech mit dem Speck ausstreichen, kleine runde Fladen formen, aufs Blech setzen und etwa 20 Minuten bei 200°C backen.
Die heißen Schepperlinge mit Butter bestreichen und sofort essen. Dann schmecken sie am besten.

Ginheimer Schinkenbraten in Rotwein

Nur wenige wissen, daß im Rheingau ein blauer Spätburgunder angebaut wird, der, auf Schiefer gewachsen, einen zarten und delikaten Duft hervorbringt – der ideale Rotwein für den Ginheimer Schinkenbraten. Aber auch andere würzige und leichte Rote sind geeignet.

1/4 Liter Rotwein, je 1 Teelöffel Salbei, Majoran, Thymian, Pfeffer, je 1 Eßlöffel Kräuteröl, Johannisbeergelee und Senf, Saft 1 Zitrone, 3 Zwiebeln, Salz, 750 g magerer Schinken, 2 Möhren, 1 Sellerieknolle, 1 Liter Fleischbrühe, 1 Lorbeerblatt, 2 Eßlöffel Kräuteröl, 2 Eßlöffel Stärkemehl

In eine Marinade aus Rotwein, Salbei, Majoran, Thymian, Pfeffer, Kräuteröl, Gelee, Senf, Zitronensaft, zwei fein geriebenen Zwiebeln, mit Salz abgeschmeckt, das Fleisch einlegen.
Die dritte Zwiebel, Möhren und Sellerieknolle grob würfeln und 30 Minuten in der Fleischbrühe kochen, das Lorbeerblatt die letzten 5 Minuten mitkochen. Abkühlen lassen und ebenfalls über das Fleisch gießen. Zugedeckt 24 Stunden an einen kühlen Ort stellen.
Das Kräuteröl in einem Bräter erhitzen, das trockengetupfte Fleisch rundherum anbraten, mit 1/2 Liter Marinade ablöschen. Im vorgeheizten Backofen bei 220°C etwa 90 Minuten braten lassen, dann herausnehmen, warmstellen. Den Bratenfond mit etwas Marinade verrühren, durch ein Sieb passieren und mit Stärkemehl binden. Noch einmal kurz aufkochen lassen und je nach Geschmack nachwürzen.

Schmandhering

Schmand oder auch Schmant sind die in Ost- und Westdeutschland üblichen Bezeichnungen für Sahne, im Norden auch Flott genannt. Neben der ostpreußischen Küche verwenden vor allem die Hessen sehr gerne Schmand zur Geschmacksverfeinerung. Für Heringsgerichte wird im allgemeinen saure Sahne verwandt, denn die süße würde den typisch säuerlichen Geschmack des Herings zu sehr überdecken.

*3/8 Liter saure Sahne,
2 Lorbeerblätter, 3 Wacholderbeeren, 2 Zwiebeln, 4 Salzheringe,
1 saurer Apfel, 1 Salzgurke*

Die saure Sahne mit den Lorbeerblättern, Wacholderbeeren und einer kleingeschnittenen Zwiebel würzen und über Nacht ziehen lassen. Daneben die Salzheringe ebenfalls mindestens einen halben Tag wässern.
Die Heringe entgräten und in fingerdicke Stücke schneiden. Die andere Zwiebel in Ringe zerteilen, Apfel und Salzgurke würfeln. In einen Steinguttopf schichtweise Hering, Apfel, Zwiebel, Gurke und vorbereitete saure Sahne einfüllen. Noch einmal ein paar Stunden stehen lassen. Mit heißen Pellkartoffeln servieren.

Schnitz und Schnitz

Der Main, die Fulda, die Werra, die Weser und die Lahn durchströmen das Land. Hessen ist mehr bergig als eben. Während die bis zu 800 Meter aufragenden Höhen mit Wald bewachsen sind, liefern die weiten Ebenen Feldprodukte aller Art. Auch Kartoffeln wurden und werden hier angebaut. Schnitz und Schnitz ist daher nicht nur ein altes, sondern auch typisches Gericht, das schon in der Zeit unserer Vorfahren in Hessen gegessen wurde. Seinen Namen hat es von den kleingeschnitzten Kartoffeln, die den getrockneten Birnen, die auch als Schnitz bezeichnet werden, und dem Speck beigegeben werden.

*500 g Hutzeln (getrocknete Birnen),
1 Liter Wasser,
350 g durchwachsener Speck,
500 g Kartoffeln, Salz*

Die Hutzeln über Nacht im Wasser einweichen. Am nächsten Tag zusammen mit dem Speck im Einweichwasser kalt aufsetzen und etwa 20 Minuten ziehen, aber nicht kochen lassen. Die in Schnitze geschnittenen Kartoffeln und Salz zufügen und weitere 30 Minuten garen. Dieses Gericht wird im Hessischen als Eintopf gegessen und ist besonders im Odenwald beliebt.

Schweinegeschnetzeltes in Apfelwein mit Backobst

„Äbbelwoi" oder das „Stöffche" werden erstmals schriftlich zur Zeit Karls des Großen in der „capitular de villis" genannt. So ärmlich damals die Speisekarte für die weniger Betuchten gewesen ist, so gering war die Auswahl alkoholischer Getränke. Neben dem traditionellen Bier, das freilich ganz anders aussah und schmeckte als heute, kannte man noch den Birnen- und Apfelwein. Der Anbau von Wein steckte in unseren Breiten noch in den Kinderschuhen. Daß man Apfelwein auch zum Verfeinern von Soßen nehmen kann, wurde erst viel später zum kulinarischen Allgemeingut.

*500 g Backobst,
1 Eßlöffel Schmalz, 750 g
Schweineschnitzel, geschnetzelt,
4 Zwiebeln, Salz, Pfeffer, 1 Teelöffel
Paprika, 1/4 Liter Apfelwein,
1/8 Liter Sahne, 1 Eßlöffel Apfelmus*

Das Backobst gründlich waschen und über Nacht in kaltem Wasser einweichen. Schmalz in einem Topf erhitzen und das geschnetzelte Fleisch kräftig anbraten. Die Zwiebeln in feine Ringe schneiden und mitbraten. Mit Salz, Pfeffer und Paprika würzen und mit 1/8 Liter Einweichwasser ablöschen. Das Backobst halbieren und mit dem Apfelwein zum Fleisch geben. 20 Minuten schmoren lassen, eventuell mit weiterem Einweichwasser verdünnen. Die Sahne mit dem Apfelmus verrühren und das Geschnetzelte damit binden. Reis und frischer Salat eignen sich gut als Beilage.

Schweinekamm in Riesling

Daß das Fleisch bei diesem Gericht von vornherein in mundgerechte Stücke zerlegt wird, hat seinen Grund wohl darin, daß es ein sehr altes Rezept ist und noch bis vor etwa dreihundert Jahren Messer und Gabel als Eßbesteck auf dem Land unbekannt waren. Fleisch kam grundsätzlich eßgerecht zerkleinert auf den Tisch und wurde mit dem Löffel gegessen. Das mundgerechte Zerkleinern von Fleisch findet man übrigens häufig bei überlieferten hessischen Rezepten. So gibt es beispielsweise in den Tälern des Vogelsberggebietes das traditionsreiche „Vogelsberger Fleisch" aus feinem gewürfeltem Kalb- und Rindfleisch.

*1 kg Schweinekamm, Salz, Pfeffer,
3 Nelken, 1 Lorbeerblatt,
1/4 Liter milder Rheingauer Riesling*

Das Fleisch in mundgerechte Stücke zerteilen und mit Salz und Pfeffer würzen. In einen flachen Topf geben, Nelken und Lorbeerblatt hinzufügen und mit Wein aufgießen, so daß das Fleisch gerade bedeckt ist. Zum Kochen bringen und etwa 60 Minuten garen, bis die Flüssigkeit verdampft ist und das Fleisch im eigenen Saft liegt. Die Stücke darin nochmals kräftig erhitzen. Als Beigabe Reis und junges Gemüse reichen. Und natürlich einen jener so berühmten Rheingau-Rieslinge dazu kredenzen!

Schweinekamm nach Jägerart

Das Wichtigste an diesem Rezept ist die Beize, in die das Fleisch gut zwei Tage eingelegt werden soll. Sparen Sie nicht an der falschen Stelle, denn der Rotwein sollte nicht gerade ordinäre Tafelqualität haben. Auch der echte Weinessig ist unbedingt notwendig, denn dessen Säure wird ausschließlich aus dem Alkohol des Weines gewonnen, mit geringen Zusätzen von Essigsäure. Nur so ist der edle und ausgewogene Geschmack des Fleisches zu erreichen.

Für die Beize: 3/4 Liter Wasser, 3/8 Liter Rotwein, 3/8 Liter Weinessig, 125 g Sellerie, gewürfelt, 125 g Möhren, in Scheiben, 1 Stange Lauch, geschnitten, 6 Wacholderbeeren, 2 gestoßene Nelken, 1 Teelöffel Basilikum, 1 gehäufter Teelöffel Salz, 1 Zitronenschale, ungespritzt, 2 kleine frische Fichtenzweige 1 1/2 kg Schweinekamm, 50 g Bratfett, 1/8 Liter süße Sahne, 2 Eßlöffel Preiselbeeren

Die genannten Zutaten für die Beize in einen Steintopf füllen, das Fleisch zwei bis drei Tage hineinlegen und mit den Fichtenzweigen bedecken. Nachdem der Beizvorgang beendet ist, das Fleisch herausnehmen und gut abtrocknen. Das Bratfett in einem Bräter erhitzen und das Fleisch von allen Seiten gut anbräunen. Mit der Beize ablöschen und im Backofen unter häufigem Begießen 90 Minuten garen. Das Fleisch herausnehmen und warmstellen. Die Soße durch ein Sieb passieren und noch einmal mit der Sahne aufköcheln lassen. Mit Preiselbeeren anrichten. Am besten schmecken dazu Salzkartoffeln oder Kartoffelpüree und Rotkraut.

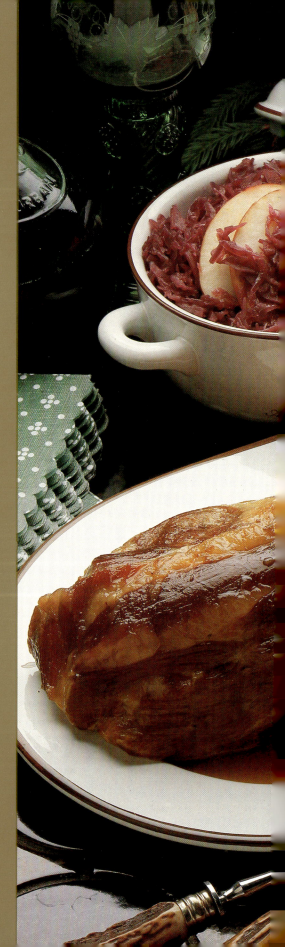

Speckei mit Kartoffelsalat

Die Hessen lieben ein deftiges Essen wie alle Volksstämme, die einstmals ihre Existenz und Nahrung einem kargen Boden abringen mußten. Die hessische Landschaft schenkte den ersten Siedlern nichts, und spöttische Nachbarn sprechen daher gern von „blinden Hessen", da sie offenbar die Armut des Bodens nicht erkannten. Nun – was Fleiß und Beharrlichkeit auch aus ungünstigen Voraussetzungen machen können, beweist das fruchtbare Land heute. Und es ist so auch verständlich, wenn die Hessen sagen: „Lieber etwas Gutes als etwas Schlechtes zu essen, und lieber manchmal zuviel als dauernd zu wenig."

1 kg gekochte Kartoffeln, 40 g Speck, 1 Zwiebel, 1 Eßlöffel Essig, Salz, 1 Teelöffel Senf, 1/8 Liter heißes Wasser
Speckei: 4 Eier, 3 Eßlöffel Milch, Muskat, Salz, 100 g Speck

Gekochte Kartoffeln schälen und in feine Scheiben schneiden oder hobeln. Speck in einer Pfanne auslassen und die fein gewürfelte Zwiebel glasig dünsten. Über die noch warmen Kartoffeln gießen. Aus Essig, Salz, Senf und Wasser eine Marinade rühren, ebenfalls zu den Kartoffeln geben und alles vorsichtig vermengen. Ziehen lassen. Währenddessen die Eier mit der Milch verquirlen. Mit Muskat und Salz würzen. Den Speck in etwas größere Stücke schneiden und in einer Pfanne auslassen. Wenn er glasig ist, die Eiermasse darübergeben und bei kleiner Hitze stocken lassen. Zusammen mit dem Kartoffelsalat servieren. Dazu paßt am besten ein kühles Bier.

Hessischer Speckhecht

Typisch für die hessische Küche ist das Zugeben von Schmand (Rahm) zu vielen Speisen – manches einfache Gericht wird dadurch zu einer wahren Delikatesse erhoben. Auch wer der Meinung ist, bei diesem Hecht sei mit dem Speck des Guten genug getan, wird durch die herrliche Soße aus saurer Sahne mit Essig und Zitronensaft eines Besseren belehrt.

1 Hecht (ca. 1 kg), 100 g Speck, Salz, 100 g Butter, 1/4 Liter saure Sahne, 1 Eßlöffel Kräuteressig, Saft 1/2 Zitrone

Den ausgenommenen Hecht schuppen und waschen. Alle drei Zentimeter vom Kopf bis Schwanz auf beiden Seiten des Rückens einen Einschnitt machen und mit dem in Stifte geschnittenen Speck spicken. Den ganzen Fisch salzen und den Kopf und Schwanz mit einem Faden zusammenbinden. Die Butter in einer Pfanne auslassen, den Hecht hineintun und bei kleiner Hitze unter häufigem Begießen mit der zerlassenen Butter etwa 20 Minuten mehr ziehen lassen als braten. Dann die saure Sahne dazugießen und den Fisch darin 15 Minuten garen, aus der Pfanne nehmen und auf einer vorgewärmten Platte anrichten. Die Soße mit Essig und Zitronensaft würzen und über den Hecht geben. Dazu werden Petersilienkartoffeln und frischer Salat gereicht.

Hessische Speckpfannkuchen

Die Speckpfannkuchen waren eine in Hessen weitverbreitete und beliebte Spezialität. Noch heute sieht man vor allem in kleineren Orten in den Fenstern der Gasthöfe einladende Schildchen mit der Aufschrift „Heute Speckpfannkuchen". Hier sollte auch ein Nicht-Hesse unbedingt ein bißchen verweilen, denn sonst entgeht ihm ein herrlicher Schmaus – zugegeben, mit viel Kalorien.

4 Eier, 250 g Mehl, 1/2 Liter Milch, 1 Prise Salz, 200 g durchwachsener Speck, 100 g Lauch, 100 g Tomaten, Pfeffer, 100 g Butter, Petersilie

Eier mit dem Mehl, der Milch und einer Prise Salz zu einem Pfannkuchenteig verrühren. Den in Streifen geschnittenen Speck anbraten, den in Ringe zerteilten Lauch und die gewürfelten Tomaten hinzufügen, pfeffern und weichdünsten. Vom Feuer nehmen.
Butter in einer Pfanne erhitzen und ein Viertel des Gemüses hineingeben, dann mit einem Viertel des Pfannkuchenteiges übergießen. Den Speckpfannkuchen auf beiden Seiten etwa je 3 Minuten goldbraun und knusprig anbraten. Die Menge reicht für etwa vier Pfannkuchen. Mit Petersilie garnieren und mit frischem Salat zu Tisch geben.

Spitzbuwe mit Specksoße

Diese Spitzbuben stammen aus dem Gebiet des Vogelsbergs, dem hessischen Mittelgebirge mit dem Taufstein als höchster Erhebung. Die wellige Hochfläche wird vorwiegend viehwirtschaftlich genutzt, während in den Tälern und Senken der Flüßchen Nidder, Nidda, Wetter, Ohm und Schwalm intensiv Ackerbau betrieben wird. Das Rezept der Spitzbuben ist übrigens in ganz Süddeutschland verbreitet und hat allerlei bezeichnende Namen wie Bauchstecherle, Wampenstecher oder gar Bubenspitzle, was ja auch treffender ist. Hessisch allerdings ist die Specksoße, die das Gericht sehr pikant macht. Im Odenwald ist es üblich, die Spitzbuwe mit Dörrobst zu kombinieren.

400 g rohe Kartoffeln, 400 g gekochte Kartoffeln, 100 g Stärkemehl, 1 Ei, 1 Teelöffel Salz, Pfeffer, 2 Liter Salzwasser Specksoße: 20 g Speck, 2 Zwiebeln, 40 g Mehl, 1/4 Liter Milch, 1/4 Liter Wasser, Salz

Die rohen und gekochten Kartoffeln fein reiben und miteinander vermengen. Stärkemehl, Ei, Salz und Pfeffer dazutun und gut durchkneten. Den Teig zu fingerlangen Würstchen formen. Salzwasser aufkochen und die Spitzbuwe 20 Minuten darin ziehen lassen, aber nicht kochen! Währenddessen den Speck und die Zwiebeln würfeln, in der Pfanne auslassen, das Mehl überstäuben, anschwitzen und unter ständigem Rühren Milch und Wasser langsam zugießen. Etwa zehn Minuten zu einer sämigen Soße einkochen. Mit Salz abschmecken.
Die Spitzbuwe aus dem Wasser nehmen und abtropfen lassen, mit der heißen Specksoße übergießen. Mit Eiern und Kopfsalat serviert ergibt sich eine wohlschmeckende Mahlzeit.

Praunheimer Staudensellerie-Kuchen

Was für den Elsässer und Lothringer die „Quiche Lorraine" und für die Süddeutschen der Zwiebelkuchen ist, das ist für den Frankfurter und die Hessen der Staudensellerie-Kuchen. Als Zwischenmahlzeit oder als – wenn auch deftige – Vorspeise gibt es kaum etwas Schmackhafteres!

1 Staudensellerie, 3 Zwiebeln, 175 g durchwachsener Speck, 20 g Butter, 1 gehäufter Eßlöffel Speisestärke, 1/4 Liter saure Sahne, 4 Eier, 250 g Hartkäse, Muskat, Pfeffer, Salz, 1 Paket fertiger Blätterteig

Den gesäuberten Staudensellerie in Salzwasser etwa 25 Minuten köcheln lassen, dann durch ein Sieb abgießen. Die Zwiebeln würfeln und den Speck in Streifen schneiden. Die Butter in einer Pfanne erhitzen, die Zwiebeln andünsten und den Speck kurz mitbraten. Die Speisestärke mit der sauren Sahne und den Eiern verquirlen. Den Käse reiben, mit der Zwiebel-Speck-Mischung vermengen und mit Muskat, Pfeffer und Salz abschmecken. Eine runde Springform gleichmäßig mit dem Blätterteig auslegen. Den Staudensellerie in längliche Stücke schneiden und sternförmig auf dem Blätterteig verteilen. Zwiebel, Speck und geriebenen Käse darübergeben und mit der Ei-Sahne-Mischung übergießen. Im vorgeheizten Backofen etwa eine Stunde bei 200°C backen. Der Kuchen wird warm als Vorspeise oder Zwischenmahlzeit gegessen.

Storzenieren mit Hackklößchen

Dieses Gericht mit seinem seltsamen Namen wird durch den feinen Geschmack der Schwarzwurzeln geprägt, die man nicht zu Unrecht auch Spargel des Winters nennt. Im Lateinischen ist die Bezeichnung für Schwarzwurzeln *Scorzonera hispanica*, woraus dann im Volksmund einfach Storzenieren wurde. Mit Nieren also hat dieses Rezept nichts zu tun. Übrigens – Schwarzwurzeln sind sehr magenfreundlich und auch für Diabetiker geeignet.

500 g Schwarzwurzeln, 1 Schuß Milch, 1 Liter Salzwasser, 250 g Hackfleisch, 1 Brötchen, 1 Ei, Salz, Pfeffer, 1 Zwiebel, 40 g Butter, 1/8 Liter Brühe, 1/8 Liter saure Sahne

Die Schwarzwurzeln putzen, in Stücke schneiden und sofort in das mit einem Schuß Milch versetzte kochende Salzwasser geben, damit sie nicht dunkel werden. 20 Minuten bei kleiner Hitze vorgaren.
Das Hackfleisch mit dem vorher eingeweichten, ausgedrückten Brötchen, dem Ei, Salz, Pfeffer und der kleingehackten Zwiebel verkneten und zu Klößchen formen. In einer tiefen Pfanne Butter auslassen und die vorgekochten Schwarzwurzeln zusammen mit 1/8 Liter Brühe dazugeben. Die Hackklößchen einlegen. Zehn Minuten scharf kochen lassen, damit die Brühe etwas einkocht. Zum Schluß die saure Sahne zufügen, abschmecken und zu Salzkartoffeln reichen.

Sulperknochen

Fast überall in Hessen ist dieses Gericht bekannt und beliebt. Vielleicht war es früher einmal die „Schlachtplatte des armen Mannes", der sich zu Sauerkraut und Erbspüree am Schlachttag nur weniger geschätzte Teile des Schweines leisten konnte – Schnauze, Ohren, Schwänzchen und Füße. Heute sind diese Dinge bei Feinschmeckern sehr gefragt, und die Sulperknochen stehen wieder hoch im Kurs. Der Name kommt übrigens daher, daß man früher die „Schweinereien" in einer Lauge mit Salpeter gepökelt hat.

1 kg Sulperknochen (Schnauze, Ohren, Schwänzchen, Füße vom Schwein), 4 Pfefferkörner, 1 große Zwiebel, 1 Lorbeerblatt, 4 Wacholderbeeren

Fleisch über Nacht in kaltes Wasser legen. Am nächsten Tag alle Gewürze und in Ringe geschnittene Zwiebel zugeben. Zugedeckt garkochen. Dazu reicht man Sauerkraut, Erbspüree und Salzkartoffeln.

Weckewerk

Weckewerk ist ein Gericht aus Nordhessen und war früher ein wichtiger Bestandteil beim Schlachtfest, weil man hierfür alle anfallenden Reste von Schwarten und Kleinfleisch verwenden konnte. Weckewerk ist eine köstliche Beigabe zu Pellkartoffeln und einem grünen Salat.

250 g Weißbrot oder 2 bis 3 altbackene Brötchen, 1/4 Liter Fleischbrühe, 750 g Restfleisch (Schweinefleisch, Schwarten, Gehacktes), 2 Zwiebeln, je 1 Teelöffel Majoran und Kümmel, Salz, Pfeffer, Fett zum Ausbacken

Das Weißbrot oder die Brötchen in der Fleischbrühe einweichen, das Restfleisch durch den Fleischwolf drehen und mit den gehackten Zwiebeln und den Gewürzen gut vermischen, kräftig salzen und pfeffern. Das Ganze nochmals gut durchkneten und in der Pfanne bei mittlerer Hitze etwa 10 bis 15 Minuten durchbraten, danach in Scheiben schneiden. Dazu schmecken ein kühles Bier und ein klarer Schnaps.

Wecksuppe

Nahezu alle deutschen Volksstämme sind Suppenliebhaber. Ob es die Hessen im besonderen sind, oder ob sie gar im Gegenteil den Suppen distanziert gegenüberstehen, soll dahingestellt sein. Tatsache ist jedenfalls, daß die Geschichte vom Suppenkaspar aus dem „Struwwelpeter", dem bekannten und am meisten gedruckten Kinderbuch, von dem Frankfurter Arzt Dr. Heinrich Hoffmann verfaßt wurde:

Der Kaspar, der war kerngesund.
Ein dicker Bub und kugelrund.
Er hatte Backen rot und frisch:
Die Suppe aß er hübsch bei Tisch.

Doch einmal fing er an zu schrein:
Ich esse keine Suppe! Nein!
Ich esse meine Suppe nicht!
Nein, meine Suppe eß' ich nicht!

Am vierten Tage endlich gar
der Kaspar wie ein Fädchen war.
Er wog vielleicht ein halbes Lot –
Und war am fünften Tage tot.

*4 Brötchen, 3/8 Liter Fleischbrühe,
50 g Butter, Zimt*

Die Brötchen in Scheiben schneiden und mit so viel Fleischbrühe übergießen, wie sie aufnehmen können (die Brötchenscheiben dürfen nicht in der Brühe stehen).
Butter bräunen und über die geweichten Brötchenscheiben gießen, mit etwas Zimt, dem Charakteristikum dieser Brotsuppe, bestreuen.

Rheingauer Weinäpfel

Die Rheingauer Weinbauern sind nicht nur tüchtig, sondern auch arg eigenwillig. Im späten Mittelalter waren sie beispielsweise mit ihrem Erzbischof in Mainz sehr unzufrieden. Sie wurden aus Protest kurzerhand evangelisch und diskutierten in den riesigen Weinkellern des Klosters Eberbach unter ständigem Nachschmieren der trockenen Kehlen. Tags darauf war es für die Mainzer Soldaten ein leichtes, die lallenden und schwankenden Winzer festzunehmen und sie wieder zur Ordnung und zum katholischen Glauben zu rufen.
Hier lebt man nicht nur vom Wein, hier lebt man auch für und mit dem Wein. Da ist es nur natürlich, daß damit auch in der Küche experimentiert wird. Daß die kulinarischen Streifzüge unserer Altvorderen nicht vergebens waren, beweist dieses „Leckerli".

*4 große Äpfel, 4 Walnüsse,
1 gehäufter Teelöffel Sultaninen,
20 g Zucker, etwas Zimt, 0,7 Liter
milder Rheingauer Riesling
Soße: 1 Liter Milch, 1/2 Stange
Vanille, 175 g Zucker,
25 g Stärkemehl, 3 Eigelb*

Die Äpfel schälen und das Kerngehäuse ausstechen. Walnüsse kleinhacken und mit den Sultaninen, dem Zucker und Zimt vermischen, in die Äpfel füllen und in eine feuerfeste Form stellen. Den Wein eingießen und etwa 30 Minuten bei 160°C im Backofen dämpfen.
3/4 Liter Milch aufkochen und die Vanillestange darin ausziehen lassen. Den Zucker dazugeben. Das Stärkemehl mit dem restlichen 1/4 Liter Milch und dem Eigelb verrühren. Diese Masse der Vanillemilch zufügen und unter ständigem Rühren zum Kochen bringen. Abkühlen lassen und zu den heißen Äpfeln servieren.

Warmer Weißkrautsalat

„Zurück zur Natur!" Dies war der Leitspruch des berühmten französischen Philosophen Jean Jacques Rousseau. Auch er aß gern etwas Gutes, auch er meinte, daß Essen etwas mit Sinnlichkeit zu tun habe. Verbannen wollte er jedoch alles Künstliche, allen Prunk und alles, wo nur die Seltenheit den Wert ausmacht. Vor der eigenen Haustür, so seine Meinung, finde man, was Herz und Magen wirklich begehrten. Besser als die erlesensten Speisen sei „vortreffliches einheimisches Gemüse, irgendein schmackhaftes, in unserem eigenen Garten erzeugtes grünes Gewächs". Wie recht er hatte, werden Sie spätestens dann wissen, wenn Sie selbstgezogenen Weißkohl zu einem deftigen Weißkrautsalat verarbeiten, und das auch noch nach hessischer Art!

750 g Weißkraut, 1 1/2 Liter Salzwasser, 100 g durchwachsener Speck, 3 Zwiebeln, Salz, Pfeffer, Kümmel, 3 Eßlöffel Essig, 3 Eßlöffel Öl

Das Weißkraut fein raspeln und in Salzwasser kurz aufkochen. Durch ein Sieb schütten und in eine Schüssel geben. Speck und Zwiebeln würfeln, in der Pfanne knusprig ausbraten und über das Kraut gießen. Aus Salz, Pfeffer, Kümmel, Essig und Öl eine Marinade bereiten und gut mit dem Salat vermengen. Zu Hackbraten und Salzkartoffeln reichen.

Wildschweinroulade

„Im Lande Hessen gibt's hohe Berge und nichts zu essen, große Krüge und sauren Wein, pfui, wer möchte ein Hesse sein!"
Daß dieser etwas hämische Spruch völlig unzutreffend ist und für die hessische Küche heute keine Gültigkeit mehr hat, werden Sie merken, wenn Sie diese Roulade zubereitet haben und nach dem Verzehr all die zufriedenen Gesichter um sich herum anschauen.

1 kg Rippen- und Bauchstück eines jüngeren Wildschweins, Senf, Salz, Pfeffer, 125 g magerer, durchwachsener Speck, 3 Zwiebeln, 50 g Bratfett, 1/4 Liter Brühe, 1/8 Liter süße Sahne

Vom Rippenstück alle Knochen entfernen. Das Fleisch auseinanderbreiten, etwas klopfen und mit Senf bestreichen. Dann salzen und pfeffern. Speck in dünne Scheiben schneiden und das ganze Fleisch damit bedecken. Zwiebel würfeln und ebenfalls daraufgeben. Nun das Stück Fleisch von der Längsseite her aufrollen und mit einem Faden zu einer großen Roulade zusammenbinden. Im Bratfett in einer Kasserolle die Roulade von allen Seiten gut bräunen, mit der Brühe ablöschen und etwa 90 Minuten unter häufigem Begießen garen. Anschließend die Soße mit süßer Sahne verfeinern.
Zum Anrichten wird die Roulade in Scheiben geschnitten und mit der Soße übergossen. Bandnudeln und frischer Salat schmecken vorzüglich dazu, als Getränk am besten ein trockener Rotwein.

Kasseläner Windbeutel

Aus dem Jahre 913 stammt die erste Urkunde, die Kassel bezeugt. Der Name ist wohl vom Lateinischen abgeleitet und bedeutet nichts anderes als „castella" (das Kastell). Aus dem um die Jahrtausendwende bestehenden fränkischen Königshof entstand Mitte des 12. Jahrhunderts eine Marktsiedlung, die noch vor 1189 Stadtrecht erhielt. 1277 wurde Kassel Residenz der hessischen Landgrafen. Danach war die Stadt nicht nur politisches, sondern auch kulturelles Zentrum Nordhessens. Kassels Bedeutung für die gesamte Region wird sich auch auf die Küche der Landgrafen ausgewirkt haben. Ob freilich damals schon Kasseläner Windbeutel gegessen wurden, ist aus Chroniken nicht überliefert.

65 g Butter, 1/8 Liter Wasser, 1 Prise Salz, 65 g Mehl, 3 Eier, 1/4 Liter süße Sahne, Vanillezucker, Puderzucker zum Bestreuen

Die Butter mit dem Wasser und Salz aufkochen, das Mehl hinzufügen und rühren, bis sich die Masse vom Topf löst. Halb erkaltet die Eier unterrühren und mit einem Spritzbeutel etwa 12 Windbeutel auf ein gefettetes Blech setzen. Bei 220°C etwa 15 Minuten backen und gleich danach quer aufschneiden. Abkühlen lassen. Die Sahne mit Vanillezucker steifschlagen, in die untere Hälfte der Windbeutel füllen, die obere Hälfte aufsetzen und mit Puderzucker bestreuen. Eine leckere Überraschung für die Kaffeetafel.

Woihinkelche

Der Riesling gilt als König unter den Rebsorten. Er ist nicht nur ein Individualist, der sensibel auf Umweltfaktoren reagiert, sondern verfügt auch über Eleganz, Würze und eine – nicht jedem Gaumen zugängliche – kernige Säure. Während jedoch früher für gut durchgegorene, säurereiche, lang im Faß gelegene Rieslingweine die Bezeichnung „harte Knochen" üblich war, ist man nach dem Kriege dazu übergegangen, sich dem Konsumentengeschmack anzupassen und elegante, mit einer Restsüße harmonisch abgestimmte Weine zu präsentieren. Seit einigen Jahren zeichnet sich eine Wende ab. Man kehrt zum ursprünglichen fruchtigen und rassig trockenen Riesling zurück. In Rheinland-Pfalz und Hessen nennt man Hühner übrigens oft Hinkel, und ein junges Hähnchen in Riesling ist dann folgerichtig ein Woihinkelche.

2 Hähnchen, 3 Knoblauchzehen, Salz, 30 g Fett, 2 Eßlöffel Cognac, 2 Zwiebeln, 400 g Champignons, 1/2 Liter trockener Riesling, Estragon, 1/8 Liter süße Sahne, 4 Eigelb, Petersilie

Die Hähnchen in Portionsstücke zerteilen und die Knochen herauslösen. Knoblauch im Salz zerdrücken und das Fleisch damit einreiben. Fett in einer Pfanne erhitzen, die Fleischstücke anschmoren und mit Cognac flambieren. Zwiebeln und Champignons in Scheiben schneiden und im gesonderten Topf in etwas Fett andünsten. Zu den Hähnchenteilen geben, den Wein dazugießen, einen Zweig Estragon einlegen und 20 bis 30 Minuten bei mittlerer Hitze garen. Zum Schluß die mit dem Eigelb verquirlte Sahne unter die Soße rühren. Mit zerhackter Petersilie überstreut anrichten und als Beigabe Reis und Salat servieren.

Würstchen mit Lauch

Nicht nur in Frankfurt wird dieses Gericht als Spezialität angesehen, weil man natürlich dazu Frankfurter Würstchen nimmt, sondern in ganz Hessen. Die einen mögen den „Spanischen Lauch", wie man das Zwiebelgewächs Porree bei uns auch nennt, warm in einer weißen Soße, andere lieber als lauwarmen Salat mit Kartoffelbrei. Lauch ist vitaminreich und kalorienarm. Beim Einkauf sollten Sie darauf achten, daß die Stangen frisch und fest und ohne welke Außenblätter sind. Übrigens – der größte Sohn Frankfurts, Johann Wolfgang von Goethe, war ein ausgesprochener Wurstfan. Wenn es nicht mindestens an jedem dritten Tag ein Essen mit verschiedenen Wurstsorten gab, war der große Dichter und Denker schlecht gelaunt.

4 große Stangen Lauch, 1 Liter Salzwasser, 4 Eßlöffel Öl, 4 Eßlöffel Essig, Salz, Pfeffer, Zucker, 60 g durchwachsener Speck, 4 Paar Frankfurter Würstchen

Vom Lauch nur das Weiße verwenden, waschen, der Länge nach halbieren und 15 Minuten im kochenden Salzwasser garen. Währenddessen aus Öl, Essig, Salz, Pfeffer und Zucker eine Marinade rühren. Den Speck fein gewürfelt in der Pfanne ausbraten. Den heißen Lauch mit einer Schaumkelle aus dem Wasser nehmen, mit der Marinade begießen und die Speckwürfel – ohne das Fett – darübergeben. Die Frankfurter Würstchen in kochendheißem Wasser zehn Minuten ziehen lassen, aber nicht kochen! Lauch und Würstchen zusammen mit Kartoffelbrei servieren.

Zanderfilet Frankfurter Art

Die Frankfurter Küche hat seit Jahrhunderten einen besonders guten Ruf. Bereits 1531 erschien in Frankfurt das erste Kochbuch. Die Gasthöfe waren europäische Berühmtheiten. Da war das Rothe Haus, der Russische Hof, der Römische Kaiser und auch der Weidenhof, in denen zu Goethes Zeiten kulinarische Leckerbissen gereicht wurden.

1 kg Zanderfilet, 30 g Butter, Saft 1/2 Zitrone, Salz, Pfeffer, 1 Zwiebel, 1 Salatgurke, 1/4 Liter Sahne, 1 Bund Dill

Das Filet säubern und trocknen. Eine Auflaufform mit Butter ausstreichen, den Fisch hineinlegen, mit Zitronensaft beträufeln, salzen, pfeffern und die kleingehackte Zwiebel darübergeben. Butterflöckchen obenauf setzen und im Backofen bei mittlerer Hitze 20 Minuten dünsten. Die Salatgurke mit der Schale in etwa 1 cm dicke Scheiben schneiden, salzen, pfeffern und in der Sahne 15 Minuten bei kleiner Hitze garen. Gurkenscheiben mit einer Schaumkelle herausnehmen, auf einer Platte anrichten, die Fischfilets auf die Gurkenscheiben legen und warmstellen.
Fischsud zur Sahne geben und einkochen, bis sich eine dicke Soße ergibt. Einen Eßlöffel Butter unterschlagen und den gehackten Dill einrühren. Die Soße über den Fisch geben und heiß servieren. Als Beilage schmecken Salzkartoffeln und Tomatensalat.

Zettelkuchen

Seinen Namen hat dieser Kuchen von den rechteckigen Stücken, in die er geschnitten wird und die wie Zettel aussehen. Seinen würzigen, süßlichen Geschmack gibt ihm der Mohn, der vor dem Backen über den Teig gestreut wird. Wahrscheinlich stammt das bläulich aussehende Gewächs aus dem westlichen Mittelmeergebiet. Die reifen Samen sind gewöhnlich blauschwarz. Mohnblumen blühen in der Zeit von Mai bis Juli. Über die berauschende Wirkung des Mohn gehen noch heute allerhand Legenden um. Tatsache ist, daß die grünen Teile des Schlafmohns einen milchigen Saft enthalten, der zur Herstellung von Opiaten verwendet wird. Diese Wirkstoffe sind aber in den ausgereiften, schwarzen Samen nicht mehr enthalten, und Mohnkuchen kann jedenfalls von dieser Seite her in unbegrenzten Mengen gegessen werden.

1 kg Mehl, 30 g Hefe, 125 g Zucker, 125 g Fett, 1/4 Liter warme Milch, eine Prise Salz, 500 g gekochte Kartoffeln, 250 g Butter, 100 g Mohn, 200 g Zucker

Das Mehl in eine Schüssel geben, zerbröselte Hefe einstreuen und mit Zucker, Fett, warmer Milch und Salz zu einem Hefeteig kneten. Die am Vortag gekochten Kartoffeln reiben, ebenfalls in den Teig kneten und so lange warmstellen, bis er auf doppelte Größe gegangen ist. Auf ein gefettetes Kuchenblech streichen und nochmals 30 Minuten gehen lassen. Dann wird die Butter aufgestrichen und der Mohn und Zucker übergestreut. Vor dem Backen wird der Kuchen in rechteckige „Zettel" geschnitten und dann bei mittlerer Hitze 30 Minuten gebacken. Am köstlichsten schmeckt er frisch.

Schlußwort

Ohne die hilfreiche Unterstützung durch Biblio-
theken und Museen, ohne die wertvollen Hin-
weise hessischer Gastronomen hätte das Buch
nicht in dieser Form erscheinen können.
Unser besonderer Dank gilt:
Frau Ingeborg Bäumler vom Steigenberger
Hotel „Frankfurter Hof", Frankfurt/Main
Herrn Richard Brachmann vom Hessischen
Ministerium für Landesentwicklung, Umwelt,
Landwirtschaft und Forsten, Wiesbaden
Frau Gisela Hoenig vom Amt für Landwirt-
schaft und Landentwicklung in Fulda
Frau Christine Zorn vom Amt für Landwirt-
schaft und Landentwicklung in Marburg

Bildquellen

Klammet & Aberl: 6
Peter Mueck: 2, 8/9, 11, 13, 14/15, 17, 18/19 (7),
20, 34/35 (2), 37/38 (2), 48/49 (3)
Müller-Brunke: 40/41
Sirius/van Hoorick: 24/25, 26/27, 28/29, 31,
44/45
Sirius/Döbbelin: Rezeptfotos S. 52–201

Die Rezepte nach Gruppen

Soweit in den Rezepten nichts anderes
vermerkt ist, sind die Zutaten für vier Personen
berechnet.

Vorspeisen und Zwischengerichte

Handkäs mit Musik   98
Leberterrine   132
Schepperlinge   154
Schmandhering   158
Hessische Speckpfannkuchen   172
Praunheimer Staudensellerie-Kuchen   176

Suppen und Eintopfgerichte, Soßen

Äbbelwoi-Suppe   52
Grüne Erbsensuppe mit Eierschwämm-
chen   74
Frankfurter Grüne Soße   92
Rhöner Kartoffelsuppe   116
Frankfurter Linsensuppe   134
Lumpen und Flöh'   136
Motten mit Klößen   138
Sauerampfersuppe   150
Schnitz und Schnitz   160
Wecksuppe   184

Fisch

Forelle blau Rhöner Art   80
Kabeljau in Weißwein   106
Karpfen mit Zwiebelsoße   110
Kräuteraal   124
Schmandhering   158
Hessischer Speckhecht   170
Zanderfilet Frankfurter Art   198

Käse- und Eiergerichte

Frankfurter Fondue   78
Handkäs mit Musik   98
Speckei mit Kartoffelsalat   168
Hessische Speckpfannkuchen   172

Fleischspeisen mit Wurst

Limburger Edelsäcker   70
Frankfurter gestovtes Kalbfleisch   86
Hammeleintopf mit weißen Bohnen   94
Odenwälder Hammelkeule   96
Gerollter Kalbsnierenbraten   108
Oberhessisches Kasseler   118
Kasseler in Brotteig   120
Eckenheimer Kräuter-Kalbsrolle   126
Lammkoteletts mit Zwiebelmus   130
Leberterrine   132
Frankfurter Rippchen mit Kraut   148
Ginheimer Schinkenbraten in Rotwein   156
Schweinegeschnetzeltes in Apfelwein mit
Backobst   162
Schweinekamm in Riesling   164
Schweinekamm nach Jägerart   166
Sulperknochen   180
Weckewerk   182
Würstchen mit Lauch   196

Wild und Geflügel

Dippehas   68
Gefüllte Gans   88
Hasenkeule in Wacholder-Rahmsoße   100
Wildschweinroulade   190
Woihinkelche   194

Gemüse- und Kartoffelgerichte, Salate

Beulchen   62
Diebchen mit Schustersoße   66
Fraass (Weißkrautauflauf)   82
Grüner Salat mit Weinsoße   90
Kartoffelpfannkuchen   112
Kartoffelsäck   114

Kraut-Sputel   128
Motten mit Klößen   138
Nesterhebes mit Lauchgemüse   140
Heddernheimer Ofenkartoffeln   144
Rettichsalat   146
Schepperlinge   154
Kartoffelsalat mit Speckei   168
Spitzbuwe mit Specksoße   174
Praunheimer Staudensellerie-Kuchen   176
Storzenieren mit Hackklößchen   178
Warmer Weißkrautsalat   188

Mehlspeisen
Rhöner Hutzelklöße   104
Kraut-Sputel   128

Nachspeisen
Rüdesheimer Apfelauflauf   54
Apfelweinsoße mit Schwänchen   56

Aprikosenäpfel nach Großmutters Art   58
Essigtrauben   76
Kirschenmichel   122
Hessischer Schaumwein   152
Wecksuppe   184
Rheingauer Weinäpfel   186

Kuchen, Gebäck und Konfekt
Frankfurter Bethmännchen   60
Frankfurter Brenten   64
Eisenkuchen   72
Frankfurter Kranz   84
Holunderkuchen   102
Kasseläner Windbeutel   192
Zettelkuchen   200

Getränke
Nuß-Schnaps   142
Hessischer Schaumwein   152

Die Rezepte alphabetisch

Aal in Kräutern   124
Äbbelwoi-Suppe   52
Apfelauflauf, Rüdesheimer   54
Apfelweinsoße mit Schwänchen   56
Aprikosenäpfel nach Großmutters Art   58

Bethmännchen, Frankfurter   60
Beulchen   62
Brenten, Frankfurter   64

Diebchen mit Schustersoße   66
Dippehas   68

Eckenheimer Kräuter-Kalbsrolle   126
Edelsäcker, Limburger   70
Eisenkuchen   72
Erbsensuppe, grüne, mit Eierschwämm-
chen   74
Essigtrauben   76

Forelle blau Rhöner Art   80
Fraass (Weißkrautauflauf)   82
Frankfurter Bethmännchen   60
Frankfurter Brenten   64
Frankfurter Fondue   78
Frankfurter gestovtes Kalbfleisch   86
Frankfurter Kranz   84
Frankfurter Linsensuppe   134
Frankfurter Rippchen mit Kraut   148

Gans gefüllt   88
Gerollter Kalbsnierenbraten   108
Gestovtes Kalbfleisch, Frankfurter   86
Ginheimer Schinkenbraten in Rotwein   156
Grüne Erbsensuppe mit Eierschwämm-
chen   74
Grüner Salat mit Weinsoße   90
Grüne Soße   92

Hammeleintopf mit weißen Bohnen   94
Hammelkeule, Odenwälder   96
Handkäs mit Musik   98

Hasenkeule in Wacholder-Rahmsoße   100
Heddernheimer Ofenkartoffeln   144
Hessischer Schaumwein   152
Hessischer Speckhecht   170
Holunderkuchen   102
Hutzelklöße, Rhöner 104

Kabeljau in Weißwein   106
Kalbsnierenbraten, gerollter   108
Karpfen mit Zwiebelsoße   110
Kartoffelpfannkuchen   112
Kartoffelsäck 114
Kartoffelsalat mit Speckei   168
Kartoffelsuppe, Rhöner 116
Kasseläner Windbeutel   192
Kasseler, oberhessisches   118
Kasseler in Brotteig   120
Kirschenmichel   122
Kräuteraal   124
Kräuter-Kalbsrolle, Eckenheimer   126
Kraut-Sputel   128

Lammkoteletts mit Zwiebelmus   130
Leberterrine   132
Limburger Edelsäcker   70
Linsensuppe, Frankfurter   134
Lumpen und Flöh'   136

Motten mit Klößen   138

Nesterhebes mit Lauchgemüse   140
Nuß-Schnaps   142

Oberhessisches Kasseler   118
Odenwälder Hammelkeule   96
Ofenkartoffeln, Heddernheimer   144

Praunheimer Staudensellerie-Kuchen   176

Rettichsalat   146
Rheingauer Weinäpfel   186
Rhöner Hutzelklöße   102

Rhöner Kartoffelsuppe   116
Rippchen mit Kraut   148
Rüdesheimer Apfelauflauf   54

Sauerampfersuppe   150
Schaumwein, hessischer   152
Schepperlinge   154
Schinkenbraten in Rotwein, Ginheimer   156
Schmandhering   158
Schnitz und Schnitz   160
Schweinegeschnetzeltes in Apfelwein mit
Backobst   162
Schweinekamm in Riesling   164
Schweinekamm nach Jägerart   166
Speckei mit Kartoffelsalat   168
Speckhecht, hessischer   170
Speckpfannkuchen, hessische   172

Spitzbuwe mit Specksoße   174
Staudensellerie-Kuchen, Praunheimer   176
Storzenieren mit Hackklößchen   178
Sulperknochen   180

Weckewerk   182
Wecksuppe   184
Weinäpfel, Rheingauer   186
Weißkrautauflauf (Fraass)   82
Weißkrautsalat, warmer   188
Wildschweinroulade   190
Windbeutel, Kasseläner 192
Woihinkelche   194
Würstchen mit Lauch   196

Zanderfilet Frankfurter Art   198
Zettelkuchen   200

In unserer Kochbuchreihe

Kulinarische Streifzüge

sind in gleicher Ausstattung
bereits erschienen
die Bände

Schwaben
Friesland
Franken
Bayern

Als nächstes erscheint
der Band

Baden

Die Reihe wird fortgesetzt

sigloch edition

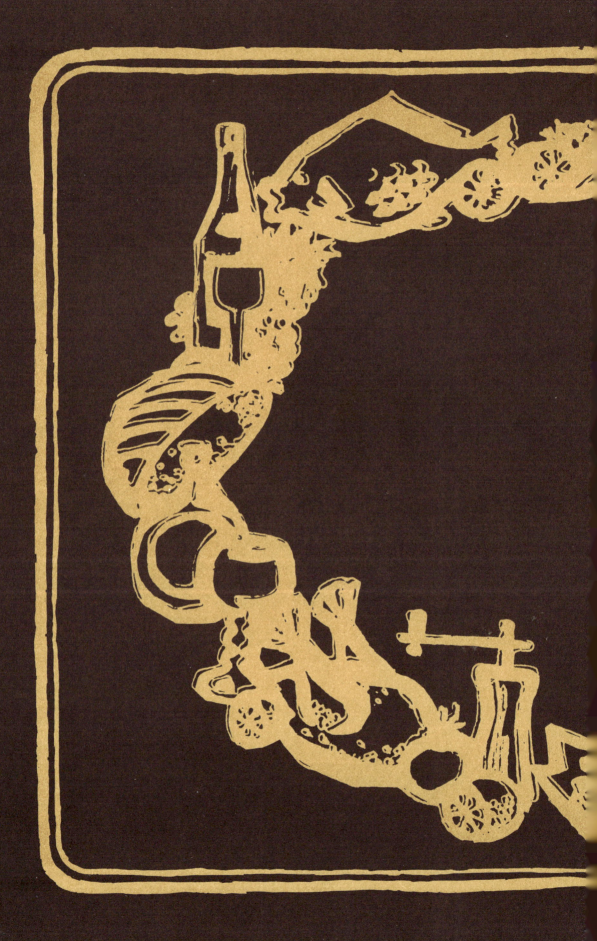